Uwe Grießmann | Sonja Klima

111 Orte in und um Hildesheim, die man gesehen haben muss

111

emons:

Bibliografische Information der Deutschen Nationalbibliothek
Die Deutsche Nationalbibliothek verzeichnet diese Publikation in der Deutschen Nationalbibliografie; detaillierte bibliografische Daten sind im Internet über http://dnb.d-nb.de abrufbar.

MIX
Papier | Fördert gute Waldnutzung
FSC® C083411

Layout: Eva Kraskes, nach einem Konzept
von Lübbeke | Naumann | Thoben
Kartografie: altancicek.design, www.altancicek.de
Kartenbasisinformationen aus Openstreetmap,
© OpenStreetMap-Mitwirkende, ODbL
Druck und Bindung: CPI – Clausen & Bosse, Leck
Printed in Germany 2023
ISBN 978-3-7408-2130-2
Aktualisierte Neuauflage, Dezember 2023

Vorwort

Eine Stadt hat sich für einen Titel beworben. Die Kulturhauptstadt Europas wollte sie 2025 werden. Das hat leider nicht geklappt. … Recht hatte sie. Ausgerechnet Hildesheim? Die drittkleinste Großstadt unter den Großstädten Deutschlands? Recht hat sie. Drei der sieben niedersächsischen Weltkulturerbe-Stätten stehen im Landkreis. Der Mariendom mit dem Domschatz, die Michaeliskirche und das Fagus-Werk. Das Wattenmeer, die Harzer Wasserwirtschaft, die Altstadt von Goslar und das Erzbergwerk Rammelsberg sind die anderen Welterbe-Stätten. Grund genug, dem Hildesheimer Land einen Besuch abzustatten. Denn unsere Gegend hat so viel zu bieten, dass selbst ein paar Tage Aufenthalt nicht ausreichen werden, um sich alles anzusehen.

Wir haben das Hildesheimer Land bereist und zeigen Ihnen einige der schönsten, interessantesten, seltsamsten und vielleicht auch hässlichsten Orte. Egal, ob es sich dabei um einen Stein handelt, ein Gebäude, eine Straße, einen Stadtteil, einen Beruf oder ein Dorf.

Bei unseren Recherchen hatten wir jede Menge Begegnungen mit den Menschen, die dort leben. Eine Frage genügte meist, und die Leute erzählten so viel, dass daraus eine Geschichte entstand. 111 Geschichten über ebenso viele Orte, um genau zu sein. Sei es ein Arzt, der ein Schnarchmuseum betreibt – weltweit das einzige –, die Direktorin einer Bibliothek, eine ehemalige Schwester Oberin oder die Dame, die am Dillgraben aus ihrer Jugend berichtete. Es waren stets spannende Interviews.

Und nun laden wir Sie ein, unsere Reisen nachzuerleben. Ob auf einem Familienausflug durch den unbekannten Süden, der vom Roten Berg vom Nordkreis geradezu abgeriegelt wird. Oder aus Neugier, einfach nur so, um nachzusehen, ob es am Konfluenzpunkt wirklich nichts zu sehen gibt. Dies sei Ihnen überlassen. Sprechen Sie dabei die Leute an, die sich dort aufhalten. Vielleicht erzählen sie Ihnen genauso spannende Geschichten wie uns.

Sonja Klima und Uwe Grießmann

111 Orte

1 Die alte Lateinschule | Alfeld
»… ein großer Sprung für die Menschheit« | 10

2 Die besonderen Messer | Alfeld
Nicht ganz »Made in Alfeld«, aber fast | 12

3 Das Fagus-Werk | Alfeld
Ein Ort mutiger Entscheidungen | 14

4 Die Tierhandlung Ruhe | Alfeld
Der Affe im Ratskeller | 16

5 Die Lippoldshöhle | Alfeld-Brunkensen
Das Quartier eines garstigen Räubers | 18

6 Der Entdeckerturm | Alfeld-Langenholzen
Für kleine und große Entdecker | 20

7 Das Schnarchmuseum | Alfeld-Langenholzen
Gibt es guten Schlaf in Langenholzen? | 22

8 Der Steinbruch | Alfeld-Sack
Fossilien selbst zu finden macht Spaß | 24

9 Der Kulturbrunnen | Algermissen
Vom Brunnen zum Kulturobjekt | 26

10 Der Bike- und Outdoorpark | Bad Salzdetfurth
Harte Biker und kleine Strampler | 28

11 The Bridge | Bad Salzdetfurth
Der Ire und das Badse-Zimmer | 30

12 Der Friedrich-Kabus-Turm | Bad Salzdetfurth
Die Seilbahn von Bad Salzdetfurth | 32

13 Die Gradierwerke | Bad Salzdetfurth
Salz ist gar nicht so ungesund! | 34

14 Der Hotze | Bad Salzdetfurth
Wenn ein Soltmann zum Hotze wird | 36

15 Der Leiterbaum | Bad Salzdetfurth
Wenn zwei sich finden, freuen sich alle | 38

16 Der Planetenweg | Bad Salzdetfurth
Wie bei Kapitän Kirk, nur langsamer | 40

17 Die Salzgrotte | Bad Salzdetfurth
Das Salz aus dem Himalaya | 42

18 Der Bullenstall | Bad Salzdetfurth-Bodenburg
Rindviecher und Kunst | 44

19 Der Schlosspark | Bad Salzdetfurth-Bodenburg
Von alten Grabplatten und Enten | 46

20 Das Alte Fachwerkhaus | Bad Salzdetfurth-Groß Düngen
Hochwassergeplagt | 48

21 Das Hexenhaus | Bad Salzdetfurth-Groß Düngen
Wer kommt in den Ofen? | 50

22 Die Mordmühle | Bad Salzdetfurth-Groß Düngen
Neun Leichen in der Mühle | 52

23 Heinder Naturtrüb | Bad Salzdetfurth-Heinde
Prost! | 54

24 Die Lindenallee | Bad Salzdetfurth-Heinde
Ein Wanderweg der besonderen Art | 56

25 Der Bahnübergang | Bad Salzdetfurth-Hockeln
Der reale Irrsinn | 58

26 Die Kapelle Östrum | Bad Salzdetfurth-Östrum
Ein spektakulärer Ausblick auf den Wasserturm | 60

27 Der Schellbrunnen | Bad Salzdetfurth-Wehrstedt
Von einer spukenden Jungfrau und einem Jüngling | 62

28 Das Museum der Zeit | Bockenem
Ein Global Player | 64

29 Der historische Hochofen | Bockenem-Bornum
Der älteste Ofen im Land | 66

30 Zum alten Gustav | Bockenem-Hary
Eiskaltes Eis, heiß begehrt! | 68

31 Der Dillsgraben | Bockenem-Königsdahlum
Spukgeschichten inbegriffen | 70

32 Das virtuelle Hanomag-Museum | Bockenem-Störy
Der Sound alter Motoren | 72

33 Die Dicke Linde | Bockenem-Upstedt
Wenn Bäume erzählen könnten | 74

34 Das Despetal | Despetal-Nienstedt
Über eine Moräne nach Eitzum | 76

35 Die Schwarze Heide | Diekholzen-Barienrode
Vergesst die Lüneburger Heide! | 78

36 Der Tosmarberg | Diekholzen-Söhre
Ein Berg für Gipfelstürmer | 80

37 Das Töpfermuseum | Duingen
Töpfern? Oh, wie langweilig! | 82

38 Der Leineberglandbalkon | Duingen-Lübbrechtsen
Über den Sieben Bergen | 84

39 Die Apenteichquellen | Freden-Winzenburg
Das Flintbeil und die Bilder | 86

40 Der Haseder Busch | Giesen
Im schönsten Auwald Niedersachsens | 88

41 Die Hügelgräber | Giesen
Die stummen Zeugen unserer Vergangenheit | 90

42 Das Kalibergwerk | Giesen
Der Kalimandscharo | 92

43 Der Lockstedter | Gronau
Das schärfste Feuerwasser Deutschlands | 94

44 Der Brunottesche Hof | Gronau-Wallenstedt
Ein richtig alter Meierhof | 96

45 Die Buchbinderei Bertram | Harsum
Der Ort, an dem vieles möglich ist | 98

46 Die Hazel Farm SW | Harsum-Asel
Eine tolle Sache | 100

47 Der Andreasturm | Hildesheim
Hoch hinauf, auch wenn es einem den Atem raubt | 102

48 Bei St. Georgen | Hildesheim
Das hässlichste Gebäude Hildesheims | 104

49 Die Bischofsmühle | Hildesheim
Eine Stadt hat den Blues | 106

50 Der Brockenblick | Hildesheim
Vom Brocken nichts zu sehen | 108

51 Die Brücke | Hildesheim
Das vergessene Wunder | 110

52 Das Café im Torhaus | Hildesheim
Im Hof der Freimaurer | 112

53 Das Didrik-Pining-Denkmal | Hildesheim
Wie war das noch mal mit Kolumbus? | 114

54 Die Domäne Marienburg | Hildesheim
Ein ungeliebter Bischof, Eis und Wissen pur | 116

55 Die Dombibliothek | Hildesheim
Asterix und die Franken | 118

56 Das Erich-Pommer-Haus | Hildesheim
Das Haus des Entdeckers | 120

57 Der Familien-Sport-Bund | Hildesheim
Ein Verein im Einklang mit der Natur | 122

58 Die Goethestraße | Hildesheim
Wohngemeinschaft mit Nothelferin | 124

59 Das Gut Steuerwald | Hildesheim
Sinti-Jazz und Pferde | 126

60 Der Hintere Brühl | Hildesheim
Die vielleicht schönste Straße Hildesheims | 128

61 Das Kafenion | Hildesheim
Der legendäre Kakao im Wohnzimmer | 130

62 Das Kartäuserkloster | Hildesheim
Die Babyklappe in der Klosterwand | 132

63 Der Kehrwiederturm | Hildesheim
Die Rätsel eines Turms | 134

64 Das Kloster Marienrode | Hildesheim
Das Grab der Gräfinnen | 136

65 Die KulturFabrik Löseke | Hildesheim
Dank Aufkleber keine Einsturzgefahr | 138

66 Der Lerchenkamp | Hildesheim
(K)ein Eldorado für Raser | 140

67 Der Marktplatz | Hildesheim
Der heilige Nikolaus und das Kornwunder | 142

68 Meister Lampe | Hildesheim
Von Mittenwald nach Hildesheim | 144

69 Die Michaeliskirche | Hildesheim
Die Sache mit der Drei, der Vier und der Neun | 146

70 Die Nordstadt-Wandgalerie 1 | Hildesheim
Alles so schön bunt hier! | 148

71 Die Nordstadt-Wandgalerie 2 | Hildesheim
Die Oma und der Esel | 150

72 Das Oskar-Schindler-Haus | Hildesheim
Schindlers Liste, großes Kino | 152

73 Die Pilgerstätte | Hildesheim
Allerdings hatte sie nichts mit der Kirche zu tun | 154

74 Die Pizzeria Bestia | Hildesheim
Das dritte Hildesheimer Weltkulturerbe | 156

75 Reizig Naturformen | Hildesheim
Reizende Formen | 158

76 Die Rodelbahn | Hildesheim
Wann wird's mal endlich wieder Winter? | 160

77 Das Rudolf-Platte-Haus | Hildesheim
Warum Rudolf Platte kein Revolverheld war | 162

78 Schlegels Weinstuben | Hildesheim
Altes Haus mit feiner Küche | 164

79 Das Schulmuseum | Hildesheim
Wäre da nur dieser Rohrstock nicht … | 166

80 Der Seniorengraben | Hildesheim
Jonas im Wasser | 168

81 Die sieben Brüder | Hildesheim
Die Hildesheimer Fuggerei | 170

82 Die Silberfundstraße | Hildesheim
Ein sagenhafter Schatz | 172

83 Der Stammelbach-Speicher | Hildesheim
Vergangener Charme und große Kunst | 174

84 Die Stinekenpforte | Hildesheim
Domherren und ihre Geschäfte | 176

85 Das Stullehaus | Hildesheim
Alles nur Fassade | 178

86 Die Sülte | Hildesheim
Kloster, Irrenhaus, Nobelunterkunft | 180

87 Das Teufelshorn am Dom | Hildesheim
Da glühen glatt die Hörner durch | 182

88 Das Uhrenatelier | Hildesheim
Der Zahn der Zeit nagt auch an Uhren | 184

89 Die Volkssternwarte | Hildesheim
Das Hildesheimer Fenster zum All | 186

90 Die WEINkostBAR | Hildesheim
Im Wohnzimmer des Bürgermeisters | 188

91 Das Welterbeband | Hildesheim
Die Straße des Lichts | 190

92 Das Wernersche Haus | Hildesheim
Ein Haus, das Geschichten erzählen kann | 192

93 Der Laves-Kulturpfad | Holle-Derneburg
Eine Pyramide und ein Tempel im Wald | 194

94 Das Forum Heersum | Holle-Heersum
Ein Dom ist nicht genug! | 196

95 Lawela | Lamspringe
Hand in Hand | 198

96 Die Sophienkirche | Lamspringe
Das Gelübde des Lithografen | 200

97 Der Konfluenzpunkt 52/10 | Lamspringe-Evensen
Hier gibt es nichts zu sehen | 202

98 Die Kunstzelle | Lamspringe-Harbarnsen
Die Telefonzelle aus der Kreidezeit | 204

99 Die Irmensäule | Lamspringe-Irmenseul
Eine Säule für Irmin | 206

100 Die Leineauen | Nordstemmen-Burgstemmen
Die Rückkehr der Natur | 208

101 Die Mühle Malzfeld | Sarstedt
Es klappern die Mühlen am rauschenden Bach … | 210

102 Die Fastnachthochburg | Sarstedt-Hotteln
Auf zur Mädchenversteigerung | 212

103 Die Wüstung Delm | Sarstedt-Hotteln
Die Wüstung lebt | 214

104 Das GEO600 | Sarstedt-Ruthe
Nobelpreis inbegriffen | 216

105 Das Schlachtfeld | Schellerten-Dinklar
Die drei Schlachten von Dinklar | 218

106 Der Rote Berg | Sibbesse
Zerrissene Vorhänge und hochdrehende Motoren | 220

107 Das Niemandsland | Sibbesse-Adenstedt
Eine Straße führt nach Nirgendwo | 222

108 Die Museumsbahn | Sibbesse-Almstedt
Das Schnaufen der Schunter | 224

109 Die Wernershöhe | Sibbesse-Westfeld
Natur pur und schöne Aussichten | 226

110 Die zwei Kirchen | Sibbesse-Westfeld
Der Don Camillo von Westfeld | 228

111 Kultur pur | Sibbesse-Wrisbergholzen
Fast schon ein Museumsdorf | 230

1 Die alte Lateinschule

»… ein großer Sprung für die Menschheit«

»Ein kleiner Schritt für einen Menschen, aber ein großer Sprung für die Menschheit«, sagte Neil Armstrong und hüpfte am 21. Juli 1969 von der Landefähre der Apollo 11 auf den Mond hinab – falls das Ganze kein Trick des Kultregisseurs Stanley Kubrick war. In diesem Moment war der Mond etwa 397.163 Kilometer (ungerundeter Mittelwert) von Alfeld entfernt. Man könnte daraus schließen, dass Alfeld nicht allzu viel mit dem Mond und dem Astronauten gemein hat.

Fast. Wäre da nicht ein inzwischen verstorbener Malermeister gewesen, der in jenem Jahr mit der Ausbesserung der Farben an der Außenwand eines denkmalgeschützten Gebäudes beauftragt worden war. Der saß nach getaner Arbeit auf seinem Gerüst, ließ die Beine in die Tiefe baumeln und war stolz auf das Bild, das er unter dem Giebeldreieck gemalt hatte. Es war ein Astronaut im Raumanzug, und das ausgerechnet auf einem der schönsten und ältesten Fachwerkhäuser der Stadt. Die Alfelder liefen zusammen und starrten auf das Bildnis, welches doch einigermaßen deplatziert wirkte. »Es ist arschkalt hier oben«, rief der Mann auf dem Gerüst, möglicherweise in Anspielung auf die Temperatur im Weltall. Damit blieb er in nachhaltiger Erinnerung. Natürlich durfte Neil Armstrong nicht bleiben, und das Haus wurde fachwerkhausgerecht instand gesetzt. Diese Geschichte erzählt Matthias Quintel, der Heimatpfleger Alfelds, wenn er zur alten Lateinschule befragt wird.

Die alte Lateinschule wurde 1610 erbaut. Die Fassade des zweigeschossigen Fachwerkhauses zieren 100 eher weniger moderne Bilder. Dargestellt sind zum Beispiel die sieben freien Künste sowie allegorische, mystische und biblische Gestalten. Man kann dieses Gebäude nicht nur von außen besichtigen, sondern auch von innen. Denn es beherbergt das Stadtmuseum. Darin kann neben wechselnden Ausstellungen auch die Geschichte Alfelds nachempfunden werden.

Adresse Am Kirchhof 4/5, 31061 Alfeld | ÖPNV ab ZOB Linie 44 bis Haltestelle Alfeld Perkwall / Magnus | Öffnungszeiten Di, Mi, Do, Fr, So 10–12 und 15–17 Uhr, Sa 10–12 Uhr | Tipp In der Oberen Mühlenstraße am Marktplatz befindet sich das griechische Restaurant Kavala. Hier gibt es sehr gutes Essen und einen ausgesprochen freundlichen Service.

2 Die besonderen Messer

Nicht ganz »Made in Alfeld«, aber fast

Jeder kennt das Qualitätssiegel »Made in Germany«. Aber ist es wirklich eins? Ja und nein, denn Ende des 19. Jahrhunderts wurde diese Herkunftsbezeichnung in Großbritannien eingeführt, um die Kunden vor vorgeblich billiger und minderwertiger Ware aus Deutschland zu schützen. Solingen, die Stadt der Messer und Scheren, soll es als Erstes getroffen haben. Solingen stand eigentlich schon immer für beste Qualität. Von dort kommen auch jede Menge Rohlinge nach Alfeld. Allerdings steht darauf nicht das Gütesiegel, sondern »HANDWERK«, darunter etwas kleiner »Stefan Schneider«. Und der ist unter anderem Tischlermeister, Messerhersteller und für seine Schneidbretter bekannt. Wobei das HAND in HANDWERK für Handarbeit steht. Einige der Bretter waren sogar in den Kochsendungen von Sarah Wiener und Tarik Rose zu sehen. Beide trennten sich gerne von ihren Kunststoffbrettern, denn die waren in den Sendungen zu laut. Sie benutzen jedoch nicht die Messer aus Alfeld, da sie ihre eigenen Vertragsmanufakturen haben.

Stefan Schneider versieht die Messer mit Griffen, ehe er sie schärft, mit Rundschliffen verfeinert und in seinem kleinen Laden in der Winde 5 ausstellt. Das klingt nicht allzu außergewöhnlich, ist es aber, denn mit einfachem Holz gibt sich Schneider nicht zufrieden. Ob es Olivenholz aus Ligurien ist oder heimischer Weißdorn, Perückenstrauch oder Mooreiche, das Holz muss eine tolle Maserung aufweisen. Einige Stammkunden bringen sogar welches aus dem Urlaub mit, wenn sie ein besonderes Holz finden.

Die Messergriffe werden in verschiedenen Formen angeboten, und es gibt alles, was das Herz von Köchen erfreut: Ob es Tafelmesser sind, Koch- oder Santokumesser oder ein Küchenbeil, der Kunde bekommt immer ein Unikat. Das liegt perfekt in der Hand und schneidet hervorragend. Wer es noch individueller mag, der kann sich sein Messer selbst bauen. In kleinen Gruppen bis zu sechs Personen, bietet Stefan Schneider Messerbaukurse an.

Adresse Ausstellung: In der Winde 5, 31061 Alfeld, Werkstatt: Am Weidenknick 13, 31061 Alfeld, www.tischlerei-stefan-schneider.de | ÖPNV ab Hildesheim Hauptbahnhof Linie 44, Haltestelle Perkwell / Sparkasse in Alfeld | Tipp Von außen macht das Restaurant Sokratis in Langenholzen nicht viel her. Die Calamari sind Weltklasse. Im Sommer bietet das griechische Restaurant eine große Terrasse. Reservierung unbedingt empfohlen.

3 Das Fagus-Werk

Ein Ort mutiger Entscheidungen

Anfang des 20. Jahrhunderts waren die Arbeitsbedingungen für Fabrikarbeiter alles andere als human. Sie schufteten nicht selten zwölf Stunden am Stück in großen, stickigen Hallen ohne Tageslicht. Carl Benscheidt war einer von ihnen und hatte die Schnauze von dieser Arbeit voll. Gegenüber seiner Arbeitsstätte gab es ein unbebautes Grundstück. 1911 entschloss sich Benscheidt mutig dazu, dieses Land zu erwerben. Seine Idee: Er wollte eine Schuhleisten-Fabrik bauen, die Arbeit dort sollte menschenwürdig und sozialverträglich sein. Die Arbeitsräume lichtdurchflutet, mit freiem Blick in die Natur. Walter Gropius, damals ein unbekannter Architekt und später Gründer des Weimarer Bauhauses, entwarf den Plan für das Fagus-Werk zusammen mit dem Architekten und Designer Adolf Meyer. Benscheidt kündigte seinen alten Arbeitsplatz, und 200 Kollegen gingen mit ihm. Einer seiner bedeutenden Lebensgrundsätze lautete: Das Kapital einer Firma sind nicht die Maschinen, sondern die Mitarbeiter.

Die neue Fabrik erhielt Sozialräume, und samstags war Badetag für alle. Die revolutionäre soziale Denkweise Benscheidts führte dazu, dass sich die Mitarbeiter bis heute mit dem Betrieb identifizieren und behaupten, sie seien eine große Familie. Bis in die Gegenwart sitzen die Schuhleistenmodellierer an denselben Arbeitsplätzen wie damals und gelten als die kreativen Köpfe des Werkes. Das Fagus-Werk wird heute in fünfter Generation geführt. Der Bau gilt durch seine Bauweise aus Stahl und viel Glas als richtungsweisend für die sogenannte »moderne Architektur«.

Seit 2011 gehört das Werk zum UNESCO-Welterbe, ein lebendes Welterbe, das sich auch als kulturellen Leuchtturm sieht. Besucher sind herzlich willkommen, zu Veranstaltungen oder um das mehrstöckige Museum zu besichtigen. Im Promi-Bereich der Ausstellung findet man unter anderem die Schuhe von Angela Merkel und Claudia Schiffer.

Adresse Hannoversche Straße 58, 31061 Alfeld, www.fagus-werk.com/de | **ÖPNV** ab ZOB Linie 44 bis Alfeld ZOB/Bahnhof, Hannoversche Straße gegenüber den Gleisen | **Öffnungszeiten** Museum: Mo–So 10–16 Uhr, Führungen: Mi, Fr, Sa, So 13 Uhr; Gelände während Werkszeiten jederzeit zugänglich | **Tipp** Alfeld hat eine sehr malerische Altstadt. Vom Marktplatz aus Richtung Fußgängerzone verläuft das Bächlein Warne oberirdisch.

4 Die Tierhandlung Ruhe

Der Affe im Ratskeller

Stellen Sie sich folgende Situation vor: Sie leben in Alfeld. In der Nacht werden Sie von seltsamen Geräuschen geweckt. Sie öffnen das Fenster und wähnen sich in einem Film von Bernhard Grzimek. Elefanten trompeten, Löwen brüllen, Affen kreischen. Was sich jetzt etwas befremdlich liest, war im 20. Jahrhundert Realität in der Leinestadt. Denn hier war die Tierhandlung Ruhe beheimatet. Zeitweise war sie die größte dieser Art weltweit. Am Anfang wurde hauptsächlich mit gezüchteten Kanarienvögeln und dem Käse »Harzer Roller« gehandelt, ab 1882 dann mit Großwild.

Matthias Quintel, der Heimatpfleger Alfelds, erinnert sich gern an seine Jugend. »Wenn neue Tiere ankamen, wanderten die als Karawane vom Bahnhof durch die Stadt über den Marktplatz in die Quarantänestation in der Kalandstraße. Wilde Tiere waren immer da. Die Tierpfleger führten sie aus, oder sie nahmen einen Affen auf ein Feierabendbier mit in den Ratskeller, wobei der Affe natürlich nur Bananen bekam.« Die Alfelder konnten die Tiere in Käfigen bewundern oder Dromedare füttern. Sie wurden in Brunkensen an Zoos und Zirkusse in aller Welt weiterverkauft. Dort gab es ein Schaugehege und für die Bevölkerung eine Art Freizeitpark mit Bimmelbahn.

Mit Tierwohl hatte das nichts zu tun, viele Tiere überlebten den Transport nicht. Ab 1974 sorgten das Artenschutzabkommen und später verschärfte Tierschutzgesetze für das langsame Ende der Tierhandlung Ruhe. Die musste in den 1990er Jahren Konkurs anmelden. Einmal entwichen etwa 80 Affen. Die Primaten breiteten sich über die ganze Stadt aus und verursachten Chaos, auch in den Häusern. Sehr speziell muten die Völkerschauen an, in denen beispielsweise »11 Nubier verschiedener Stämme, 1 Häuptling und 2 nubische Damen von 15 und 25 Jahren« auf die »Karawane durch Deutschland« geschickt wurden. So steht es auf den Schautafeln im Tiermuseum.

so sahen wir gestern Herren und Damen aus Seesen, Gandersheim, Göttingen, Stadtoldendorf, Eschershausen usw..“

Adresse Tierhandlung nicht mehr existent, Villa des Besitzers: Kalandstraße 8, 31061 Alfeld; historischer Film unter www.alt-alfeld.de | ÖPNV ab ZOB Linie 44 bis Haltestelle Alfeld Perkwall/Magnus | Tipp Der Stiefels Teich am Antoniaanger lädt zu einem schönen Spaziergang ein. Der See wurde in alten Zeiten von der Schanzkeller-Brauerei genutzt. Das im Winter gefrorene Wasser wurde in Blöcken in Eiskellern gelagert, um das Bier auch im Sommer kühlen zu können.

Schaustellung
meiner
nubischen
Karawane,
bestehend aus:
11 Nubiern verschiedener Stämme,
unter denen
1 Häuptling und 2 nubische Damen
von 15 und 25 Jahren,
ferner Reit- und Last-Kameele, Pferd, Esel, Elephanten, Giraffen, Nilpferde, nebst einer großen Sammlung Jagdtrophäen, Waffen, Geräthschaften, Handwerkzeuge etc., statt.
Die Nubier werden durch Reiten, Scheinkämpfe, Tanzen, Singen, Auf- und Absatteln der Kameele etc. ihre Sitten und Gebräuche, ihr Thun und Treiben naturgetreu zur Anschauung bringen
Ich erlaube mir, das geehrte Publikum auf obige höchst interessante und lehrreiche Schaustellung ganz besonders aufmerksam zu machen, da sie Gelegenheit bietet ein Stück Welt kennen zu lernen, von welchen in anderer Weise Kenntniß zu erlangen nur Wenigen vergönnt ist.
C. Reiche, Alfeld.

Abbildungen
links: Anzeige aus der Kreiszeitung, 1879
unten: Irokesen aus Nordamerika
(Abb. mit freundlicher Genehmigung des Heimatvereins Grünenplan)

5 Die Lippoldshöhle

Das Quartier eines garstigen Räubers

Wenn man sich die Lippoldshöhle ansieht oder sogar in sie hineinklettert, dann springt das Kopfkino an, vorausgesetzt, man kennt die Sage. Eine Infotafel am Fuß des Berges berichtet von ihr. Der Bandit war ein ziemlich schlimmer Finger. Mord, Raub, Entführung, Vergewaltigung wurden ihm nachgesagt. Die Höhle trägt seinen Namen, war sie doch sein Zuhause.

An dem Weg, der an der Höhle vorbeiführt, befestigte er Drähte. Wenn jemand darüber stolperte, wurde ein Glöckchen ausgelöst. Lippold schoss die Leute nieder und beraubte sie. Eines Tages entführte er die Tochter des Alfelder Bürgermeisters, ausgerechnet am Tag ihrer Hochzeit. Er sperrte sie in die Höhle, und sie musste ihm dienen wie eine Magd. Die gemeinsamen Kinder hängte er kurz nach deren Geburt an einem Baum auf und spottete: »Hör einmal, wie unsere Kinder singen«, wenn die Gebeine im Wind gegeneinanderschlugen. Eines Tages erkrankte der Räuber so schwer, dass er seine »Frau« nach Alfeld schickte. Sie musste schwören, mit niemandem ein Wort zu wechseln, außer mit dem Apotheker, und es durfte nur um die Medizin gehen. Es war gerade Jahrmarkt, und sie traf auf viele Freundinnen, doch niemand erkannte die Elendsgestalt. Sie setzte sich auf die Rathaustreppe und weinte bitterlich. Die Tränen liefen auf den Stein neben der Treppe, und der färbte sich blau. Da trat ihr Vater zu ihr und fragte, was denn los sei. Doch sie antwortete nicht. Wenn du es mir nicht erzählen darfst, rede zu diesem Stein. Und dem vertraute sie ihr Leid an. Das war dann das Ende des Räubers.

Ursprünglich handelte es sich bei der Höhle um einen Felsen, der mit Felsspalten durchzogen war. Im Mittelalter wurden diese Spalten erweitert, sodass es dann drei Kammern gab, die durch Gänge miteinander verbunden waren. Diese Kammern werden Stube, Küche und Gefängnis genannt. Der Einstieg erfolgt durch den Schlot, eine Stahlleiter führt nach unten.

Adresse Glenetalstraße 103, 31061 Alfeld-Brunkensen | ÖPNV ab ZOB Linie 44 bis Alfeld ZOB / Bahnhof, Umstieg in Linie 65 Richtung Marienhagen, Haltestelle Brunkensen Ortsmitte | Tipp Wer auf gutbürgerliche Küche steht, wird im Pötchen Peine in der Glenetalstraße bestens bedient. Die Speisen sind schmackhaft, die Portionen groß.

6 Der Entdeckerturm

Für kleine und große Entdecker

Langenholzen bietet nicht nur *ein* skurriles Museum, sondern gleich zwei. Wer kann schon von sich behaupten, in einer Sammlung gewesen zu sein, die in einem ehemaligen Umspannturm untergebracht war? Besonders für Kinder ist der Besuch des Turms spannend. Sie lernen vorher auf einer Tafel mit dem Blick auf Langenholzen die heimische Tierwelt kennen. Dort sind genau dieser Ausblick und die Tiere, die hier gesichtet wurden, aufgemalt. Der Turm ist von außen auf einer Seite bemalt, auf den anderen mit Lindenholz verkleidet, ein Projekt der Hochschule für angewandte Wissenschaft und Kunst Hildesheim. Um ins Museum zu kommen, muss man nur einen Türöffner betätigen, schon öffnet sich die Tür. Einen Museumswärter gibt es nicht, der Turm wird mit Kameras überwacht. Aber passiert sei noch nie etwas, so der Betreiber Josef Alexander Wirth.

Im Erdgeschoss sind ausgestopfte Tiere zu sehen, die zum Beispiel gegen Fenster geflogen sind, dazu gibt es Ständer und Auslagen mit Informationsmaterial. Die zweite Etage beherbergt eine Bibliothek mit alten und neuen Büchern über Flora und Fauna. Der dritte Stock bietet vor allem eine schöne Aussicht über das Dorf, den Wald und die Wiesen. Ziemlich sicher auch auf das ein oder andere Tier.

Überall finden sich QR-Codes, die auch Kinder animieren, die sonst lieber aufs Handy-Display starren. Denn die Codes führen zu Internetseiten, auf denen mehr über die Tiere und Pflanzen zu erfahren ist. »So weckt man die Neugier der Kinder auf die Natur«, ist sich Wirth sicher.

Und draußen fühlen sich im Sommer nicht nur Hunderte von Schwalben auf der eigens für sie errichteten »Stromtrasse« zwischen zwei originalen Holzpfählen wohl, auch Familien dürfte dieses kurzweilige Museum Vergnügen bereiten. Und was spricht dagegen, danach dem Schnarchmuseum einen Besuch abzustatten? Nichts! Das betreibt im Übrigen kein anderer als Josef Alexander Wirth.

Adresse 31061 Alfeld-Langenholzen | ÖPNV ab ZOB Linie 44 bis Haltestelle Langenholzen; Bushaltestelle direkt gegenüber dem Schnarchmuseum, etwas steiler Weg über Brücke, am Ende links abbiegen und zum Turm | Öffnungszeiten täglich 9–18 Uhr | Tipp Der Mittelpunkt des Marktplatzes von Alfeld ist das 1586 erbaute Rathaus im Stil der Weserrenaissance. Auf alle Fälle sehenswert ist die Skulptur »Die Zeit und ihre Geister« von Jürgen Görtz.

7 Das Schnarchmuseum

Gibt es guten Schlaf in Langenholzen?

Wahrscheinlich haben sich bereits in der Steinzeit Menschen über wenig erholsamen Schlaf beschwert, weil in der Höhle immer jemand geschnarcht hat. Es ist allerdings nicht überliefert, ob diese Probleme mit der Keule gelöst wurden.

Da stellt sich natürlich unweigerlich die Frage: Gibt es guten Schlaf in Langenholzen? Wohl eher nicht, denn im Alfelder Ortsteil befindet sich das weltweit einzige Schnarchmuseum. Ausgestellt sind Geräte und Instrumente, die die Schnarchursache diagnostizieren und das Schnarchen verhindern sollen. So kann man den Nachbau eines Schlaflabors aus dem Jahr 1985 bestaunen. Der Schlafmediziner Josef Alexander Wirth hat Kuriositäten aus aller Welt und aus verschiedenen Jahrhunderten zusammengetragen. Darunter findet sich ein Trainingsgerät aus Japan. Es handelt sich um einen biegsamen Stab, an dem man verschiedene Gewichte befestigen kann. Durch die Schwingung soll die Zungengrundmuskulatur gestärkt werden. Die Wirkung sei fraglich. Und so können viele Merkwürdigkeiten entdeckt werden. Oft sind es Patente, die Schnarcher angemeldet haben, weil sie vom Ergebnis überzeugt sind. Ihre Produkte mögen ihnen geholfen haben, aber Schnarchen kann sehr viele Ursachen haben. »Deshalb verschwinden diese Sachen meist schnell vom Markt«, erzählt Dr. Josef Alexander Wirth. Eine ärztliche Diagnose sei bei solchen Problemen immer anzuraten, besonders wenn die Patienten an Schlafapnoe leiden.

Aus Amerika kommt folgende Methode: ein Pyjamaoberteil, das drei Taschen für Tennisbälle auf dem Rücken hat. Es verhindert garantiert den Rückenschlaf. Was in Deutschland entwickelt wurde, darf selbst erkundet werden. Und auch, warum ein schnarchender Hund ein Scheidungsgrund war, ein anderer jedoch ein Lebensretter.

Wer Glück hat, der trifft den überaus sympathischen Herrn Dr. Wirth persönlich an und kommt so vielleicht in den Genuss einer Führung.

Adresse Rabentalstraße 10, 31061 Alfeld-Langenholzen, Tel. 05181/829187, www.schnarchmuseum.de | **ÖPNV** ab ZOB Linie 44 bis Haltestelle Langenholzen | **Öffnungszeiten** Mi, Sa, So 15 – 18 Uhr | **Tipp** Der Walderlebnispfad »Sinnespfad am Schlehberg« bietet Spiel, Spaß, Erholung und Abenteuer für die ganze Familie. Nebenbei erfährt man viel Wissenswertes über den Wald und die darin lebenden Tiere.

8 Der Steinbruch

Fossilien selbst zu finden macht Spaß

Sack ist ein Ortsteil von Alfeld. Die Einwohner nennen sich Säcker. Es gäbe sie gar nicht, wenn sich das Meer in grauen Vorzeiten nicht zurückgezogen hätte. Denn das Hildesheimer Land lag in der Kreidezeit etwa 170 Meter unter der Meeresoberfläche. Knochenfunde in der Gegend beweisen, dass es hier kleine Inseln gab. Eine Miniform des Apatosauriers wurde in der Nähe gefunden. Das sind die, die bei Jurassic Park für Entzücken sorgten, bevor die bösen Saurier auftauchten.

Thomas Förster führt durch den Steinbruch. »Da oben sehen Sie die Schichten.« Sie sind gut zu erkennen, und sie sind sehr dünn. »Das Leben war nicht leicht, manchmal hat es hier von Tieren nur so gewimmelt. Dann kam eine Klimakatastrophe, schon war es wieder vorbei.« Das erklärt, warum in manchen Schichten viele Fossilien zu finden sind, in anderen gar keine.

»Hier habe ich einen Hyphantoceras reussianum gefunden. Das ist ein Korkenzieherschneckenhaus, etwa 100.000.000 Millionen Jahre alt.« Er zeigt rostige Steine. »Das ist das Erkennungszeichen für Fossilien, Eisen-Oxid.« Es gibt auch versteinerte Muscheln. Die findet Thomas Förster langweilig. Kopffüßler sind eher sein Ding. In manchen Steinen erkennt man geradlinige Roststränge. Es sind die Bohrgänge der Lebewesen im Schlick des Meeres, die sie mit irgendeiner Flüssigkeit verfestigt haben. Endlich ein Seeigel. Die gab es zu jenen Zeiten häufig. Dazu einfach nach runden Steinen Ausschau halten.

Für Laien finden sich unten auf der Wiese und an den Seiten des Steinbruchs genügend Fossilien. Leute ohne Erfahrung sollten keinesfalls im Steinbruch klettern. Hier besteht Lebensgefahr! Insbesondere nach Regen ist das Kalkgestein rutschig wie Seife. Ein Sturz über die Abbruchkante auf die messerscharfen Steine kann tödlich enden. Falls Sie Uhus sehen, bleiben Sie auf Abstand. Die Tiere verteidigen ihre Jungvögel.

Adresse 31061 Alfeld-Sack, nahe der L 469 von Sack nach Adenstedt, www.steinkern.de | Anfahrt kurz nach dem Ortsschild rechts abbiegen, wo Straße zu Feldweg wird, dort parken und bis zur Weggabelung weiterwandern, links halten, Steinbruch inmitten eines kleinen Waldes | Tipp An der Alfelder Leinebrücke am Bahnhof führt eine Treppe zum Fluss. Dort ist der Startpunkt für Kanutouren auf der Leine. Unter www.kanu-leine.de kann man sich Kanus ausleihen.

9 Der Kulturbrunnen

Vom Brunnen zum Kulturobjekt

Was macht eigentlich einen Ort, der der Kultur dient, zu einem Kulturbrunnen? Antwort: Das Gebäude, das in den 1920er Jahren um einen Brunnen herum errichtet wurde, das Brunnenhaus! Später wurde daraus mit einiger Technik ein Wasserwerk, das 1993 seinen Betrieb einstellte.

Grund dafür war, dass der Brunnen nicht allzu tief reichte und das oberflächennahe Wasser zunehmend mit Nitrat belastet war. Es konnte nur noch zum Bewässern des nahe gelegenen Fußballplatzes verwendet werden.

Der Bau wucherte zu und verfiel langsam, weckte jedoch bald Begehrlichkeiten, denn einige Vereine wollten ihn nutzen. Den Zuschlag bekam der spätere Verein Algermissener Kulturbrunnen. Der hatte das beste Nutzungskonzept. Mit 17 Ehrenamtlichen, die Tausende Stunden Arbeit leisteten, richtete er den Rundbau zu einem Quell der Kultur her. Im oberen Teil traf sich bald der Männerkochverein, später auch der Frauenkochverein. 2012 wurde der Kulturbrunnen mit einer Darbietung des Liebesgrund-Quartetts eingeweiht. Es folgten Lesungen, Feiern, Liederabende oder Ausstellungen. Mittlerweile hat der Verein 70 Mitglieder. Und die stellen mit zunehmender Professionalität einiges auf die Beine. Gut 100 Veranstaltungen finden jährlich im Kulturbrunnen statt. Fans kommen regelmäßig sogar aus Hameln oder Göttingen angereist.

50 Stühle finden im Saal Platz, bei Konzerten werden die natürlich beiseitegeräumt. Der Rahmen ist also stets familiär, denn auf der nur leicht erhabenen Bühne sind die Künstler aus nächster Nähe zu erleben. Sei es beim Auftritt eines Udo-Jürgens-Doubles, bei einem Liederabend, beim Kabarett, beim Rock- oder Jazzkonzert oder beim Auftritt einer Irish-Folk-Band. »Der Saal hat eine unglaubliche Akustik«, sagen Petra Schröter und Egbert Rösner vom Vereinsvorstand. »Das liegt wahrscheinlich daran, dass er rund ist.« Sie ist so gut, dass Solisten keine Abnahmetechnik benötigen.

Adresse Kranzweg 40b, 31191 Algermissen | **ÖPNV** S 3 vom Hauptbahnhof Hildesheim bis Bahnhof Algermissen | **Öffnungszeiten** bei Veranstaltungen, Infos unter www.algermissener-kulturbrunnen.de | **Tipp** In Sehnde (Ortsteil Wehmingen) gibt es ein Straßenbahnmuseum. Dort sind über 100 verschiedene Straßenbahnwagen ausgestellt. Auf der Museumsstrecke werden fahrbereite Wagen vorgeführt und laden zum Mitfahren ein (www.wehmingen.de).

10 Der Bike- und Outdoorpark

Harte Biker und kleine Strampler

Schon unsere Großeltern mahnten: »Wer rastet, der rostet. Also, bewegt euch!« Perfekt geeignet ist hierfür der Bike- und Outdoorpark Bad Salzdetfurth, kurz BOP. Auf sieben Hektar, zum Teil auf bewaldetem Terrain, kommt jeder voll auf seine Kosten. Hier können Mountain-, BMX- und Dirt-Biker kreuz und quer auf geschotterten Wegen oder auf der Piste ihre Künste beweisen. Wenn sie auf den Pumptracks, Slopestyles, Dirtjumps, Northshore oder Singletrails unterwegs sind, schlagen ihre Herzen höher. Doch so manch anderer mag es lieber gemütlich. Auf dem weitläufigen Gelände finden auch Jogger, Walker und Spaziergänger ihren Platz in der Natur. Selbst an die Kleinsten wurde gedacht. Fernab vom gefährlichen Autoverkehr haben sie die Möglichkeit, mit ihren Laufrädern über kindgerechte Hoppelpisten zu flitzen.

Bei den Baumaßnahmen – der Park wurde 2014 eröffnet – wurde darauf geachtet, etwas Neues in die bereits vorhandene Natur einzubringen. Das vormalige Gebiet war sehr hügelig und die Heimat seltener Salzpflanzen, der Halophyten. Die Herausforderung war, diese Natur nicht zu zerstören. Das ist den Planern des Parks voll gelungen. Gerade die Salzpflanzen galt es zu schützen, denn sie bilden eine ökologisch abzugrenzende Gruppe unter den höheren Pflanzen.

Direkt an das Gelände schließt sich ein Flowtrail an. Rund fünf Kilometer Weg wurden hier harmonisch in die Landschaft eingebettet. Die Bezeichnung Flow gibt hier das Gefühl, im Fluss zu sein. Erst geht es drei Kilometer bergauf, dann zwei bergab.

Für die harten Biker gibt es eine Cyclocrossstrecke, die auch für Bundesligarennen genutzt wird. Hier laden tonnenweise Sand, ein Sandbunker und eine Wanderdüne dazu ein, richtig schmutzig zu werden. Die Sportstadt Bad Salzdetfurth hat hier ganze Arbeit geleistet. Der Park hat 365 Tage im Jahr geöffnet. Die Tageskarte für unter 18-jährige kostet 2€ für Erwachsene 5€.

Adresse Schachtstraße, 31162 Bad Salzdetfurth | **ÖPNV** RB 79 vom Hauptbahnhof Hildesheim bis Bahnhof Bad Salzdetfurth; Radmitnahme begrenzt möglich | **Öffnungszeiten** täglich | **Tipp** Das Gut Walshausen ist eine im italienischen Stil errichtete Villa. Sie befindet sich zwischen Itzum und Heinde an der Innerste. Die beliebte Lavesbrücke, gebaut vom Architekten Georg Ludwig Friedrich Laves, überspannt den Fluss unterhalb des Guts.

11__The Bridge

Der Ire und das Badse-Zimmer

Das Wort »Ladenleerstand« ist zu einem ernsten Problem in unseren Städten geworden. Überall stehen Geschäfte leer. Viele kaufen im Internet ein, schicken große Mengen wieder zurück und belasten so die Umwelt und die Inhaber der Läden – sei es der kleine Buchladen oder die inhabergeführte Boutique.

Doch es gibt Leute, die versuchen, aus diesen Gegebenheiten das Beste zu machen. Paul Tuthill sah einen solchen leeren Laden, dessen Schaufenster verstaubten. Der Mann ist ein waschechter Ire mit deutschem Pass und einem Traum. Zusammen mit Susanne Heuer mietete er sich ein und errichtete eine Begegnungsstätte der (für Bad Salzdetfurther Verhältnisse) besonderen Art. Als »The Bridge« eröffnete, hatten die Bewohner endlich einen Irish Pub!

Schnell stellte sich Begeisterung ein. Die Gäste brachten alte Fotos und Gegenstände, die seit Jahren auf dem Dachboden ihrer Häuser lagen, in den Pub. So Bäcker Stoffregen, der einen 100 Jahre alten aufklappbaren Bäckertisch spendete, der an einen Sarg erinnert. Nicht fehlen dürfen alte Wein-, Sherry- und Portweinfässer, in denen Whiskey gereift ist. All das kam im sogenannten Badse-Zimmer unter. Badse, so nennen die Bad Salzdetfurther ihre Stadt.

Die Gäste können sich es in mehreren Nischen oder in separaten kleinen Räumen bequem machen. Dort kann man dann sein Guinness, Kilkenny oder einen Cider, einen Apfelschaumwein, der so gar nichts mit dem hessischen Äppelwoi zu tun hat, genießen. Dazu ein Irish Stew und danach natürlich einen irischen Whiskey. Klar, der Whisky vom schottischen Nachbarn ist auch mit im Programm. So ist mit »The Bridge« ein Stück von der grünen Insel an die Lamme gekommen. An der Eingangstür werden die Probleme abgelegt, und so mancher spricht frei nach Goethe: »Hier bin ich Mensch, hier darf ich sein!« Oder sinngemäß: »Here I am human …« Nein, besser nicht, weil schwer zu übersetzen!

Adresse An der Lamme 3, 31162 Bad Salzdetfurth | ÖPNV RB 79 vom Hauptbahnhof Hildesheim bis Bahnhof Bad Salzdetfurth | Öffnungszeiten Mo–Sa 16–22 Uhr, So 11–20 Uhr | Tipp Wer eher Lust auf einen Biergarten hat, fährt nach Maiental. In der gleichnamigen Waldgaststätte gibt es reichlich Hausmannskost, und das seit 1931 (Maiental 20).

12 Der Friedrich-Kabus-Turm

Die Seilbahn von Bad Salzdetfurth

Wussten Sie, dass es in Bad Salzdetfurth einmal eine Seilbahn gab? Das ist schon eine Weile her, sie wurde bereits in der ersten Hälfte des 20. Jahrhunderts aufgegeben. Und es wurden keine Touristengruppen auf die Berge gekarrt, statt Gondeln waren es Loren, die Kali, Salz und Abraum von Schacht 1 zu Schacht 3 transportierten. Das Ganze gehörte der Salzdetfurth Aktiengesellschaft, aus dem Unternehmen wurde 1971 Kali und Salz und 1999 K+S. Der Kaliabbau lohnte sich irgendwann nicht mehr, und die Türme der Seilbahn rosteten im Wald vor sich hin.

So lange, bis der Kultur- und Verschönerungsverein unter dem ersten Vorsitzenden Friedrich Kabus beschloss, einen Aussichtsturm auf der Welfenhöhe zu erbauen. Der Verein kaufte der Salzdetfurth Aktiengesellschaft einen der Stütztürme der Seilbahn ab, zerlegte ihn und baute ihn als Aussichtsturm an anderer Stelle wieder auf. Nämlich auf der 289 Meter hohen Welfenhöhe. »Im Jahr 1956 wurde der Turm, nun mit einer Holztreppe und einer Aussichtsplattform versehen, eingeweiht«, erzählt Rudolf Sander. Er war eines der Vereinsmitglieder, die den Friedrich-Kabus-Turm errichtet haben. Der Turm bringt es auf 17 Meter Höhe, sodass diejenigen, die sich nach oben wagen, eine Gesamthöhe von über 300 Meter erreichen.

Der Turm steht seitdem in einem Mischwald und verspricht eine schöne Aussicht über Bad Salzdetfurth und das Umland. In Richtung Hildesheim versperren jedoch die Berge des Hildesheimer Waldes den Blick. Wenn man schon einmal in der Gegend ist, bietet sich eine Wanderung durch den Wald an. Bis zum Gipfelkreuz des Tosmarberges sind es etwa fünf Kilometer, das ist in gut 75 Minuten zu bewältigen. Ebenfalls besucht werden kann der Förderturm in der Schachtstraße. Er steht am ehemaligen Schacht 1. Das Gelände darf jederzeit betreten werden, eine Informationstafel befindet sich am Eingang.

Adresse Augenweide 7, 31162 Bad Salzdetfurth, Koordinaten: 52.065837° N, 9.992182° O | Anfahrt Richtung Wald laufen, dritter Weg rechts, nach 200 Metern Turm rechts im Wald | Tipp Es gibt noch einen zweiten Aussichtsturm auf dem Burgberg, den Adolf-Stoffregen-Turm. Bemerkenswert an ihm ist, dass er nur Aussicht auf Bäume bietet, denn er steht mitten im Wald. Die Bäume waren bei seiner Errichtung wahrscheinlich etwas kleiner.

13 Die Gradierwerke

Salz ist gar nicht so ungesund!

Auf dem Gebiet der heutigen Kurstadt lebten wohl schon vor 20.000 Jahren Menschen. Es gibt eine erste urkundliche Erwähnung, die auf das Jahr 1214 datiert ist. Demnach beginnen wir mit: »Es war einmal …«, denn so fangen nicht nur Märchen an, sondern auch die Sage von der Gründung der Stadt. Nach dieser Sage verirrte sich ein Ritter von Steinberg im Wald. Er kam vor Durst halb um, doch er fand eine Quelle. Dumm nur, dass das Wasser furchtbar salzig war. Zwar wäre er sicher froh über reines Quellwasser gewesen, doch Salz war in früheren Zeiten ein begehrtes Gut. Es wurde teilweise mit Gold aufgewogen. Und diese Solequelle? Dem Ritter gelang es, nicht zu verdursten (wie, ist nicht überliefert), sondern nach Hause zu finden, um den Wald roden zu lassen. Danach heuerte er Salzsieder in einer neu gegründeten Ansiedlung an, die möglicherweise Detfurth hieß. Siedekote und Salzpfannen wurden errichtet. Und von Steinberg machte mit Gewissheit ein Vermögen. Wenn es ihn denn gegeben hat. Aber in allen Es-war-einmal-Geschichten steckt ein Quäntchen Wahrheit.

Irgendwann war der Wald vollends gerodet, und Brennholz wurde knapp. Eine neue Technik musste her. Das erste Gradierwerk wurde vor über 260 Jahren gebaut, im Jahr 1746 in Badse, wie die Einwohner ihre Stadt nennen. 50 Meter lang, 13 Meter hoch, die Wände mit Dornengebüsch versehen. Darüber läuft die ursprünglich siebenprozentige Sole neun Mal, um eine 30-prozentige Lösung zu gewinnen. Ein netter Nebeneffekt auf dem Weg zur künftigen Kurstadt: Die Luft reichert sich mit Salz an, was einen heilsamen Effekt auf die Atemwege bewirkt.

2005 mussten die Gradierwerke saniert werden. Für die Erneuerung wurde Schwarzdornreisig aus Polen angefahren. Mit der Zeit bilden sich auf dem Reisigwerk wunderschöne korallenartige Formen aus. Seit Juli 2020 sind die Gradierwerke wieder in Betrieb.

Adresse Salinenstraße 19, 31162 Bad Salzdetfurth (im Kurpark) | ÖPNV RB 79 vom Hauptbahnhof Hildesheim bis Haltestelle Detfurth Solebad | Öffnungszeiten Gradierwerke in den Sommermonaten für die Freiluftinhalation kostenfrei nutzbar | Tipp Bereits viele Jahre gibt es das Restaurant Akropolis (Oberstraße 113). Das Essen ist sehr schmackhaft, die Bedienung zuvorkommend, die Portionen sind groß und günstig. Ebenfalls sehr gut: Alexandros in Groß Düngen (Bahnhofsallee 22). Hier kann man es sich im Garten gemütlich machen.

14__Der Hotze

Wenn ein Soltmann zum Hotze wird

15 Jahre hat der Bildhauer, Fotograf und Aktionskünstler mit dem Pseudonym Hans-Oiseau (Werner) Kalkmann von einem Projekt geträumt, das dann 1986 endlich realisiert wurde. Es sollte eine Skulptur sein, die die Stadt Bad Salzdetfurth verkörpert. »Mit der 21. Kontakt-Kunst-Aktion war die Zeit reif«, so der Kunstschaffende, »zusammen mit den Künstlern Otto Almstadt und Klaus Müller-Klug das Projekt zu starten.« Bei Kontakt-Kunst geht es darum, mit mehreren Künstlern ein Kunstwerk zu erschaffen. In Bad Salzdetfurth wollte Hans-Werner Kalkmann weiter gehen und die Bevölkerung mit ins Boot holen. Mit der finanziellen Unterstützung des Förderprogramms Bildung und Kultur durch das niedersächsische Ministerium für Wissenschaft und Kultur konnte es dann losgehen.

Im Sommer 1986 wurden von den Künstlern und Einwohnern Steine behauen. Sogar Kurgäste beteiligten sich am Projekt. Ein Salzdetfurther Schmied im Ruhestand bearbeitete den Stahl im Takt seiner Lieder. Selbst das Kulinarische kam bei der Arbeit nicht zu kurz. Jede gemeinsame Pause wurde zu einem freundschaftlichen Fest. So entstand in sechs Wochen der »Soltmann«, also der Salzmann, eine Figur, die einen Salzbergwerker darstellt. Natürlich blieb es nicht bei diesem Namen. Schnell wurde das Denkmal zum »Hotze«, benannt nach dem damaligen Direktor der Kali und Salz Aktiengesellschaft. Die Skulptur besteht aus Obernkirchner Sandstein (Landkreis Schaumburg), verzinktem Stahl und Messing. Die Bürger der Stadt waren begeistert, und der Soltmann wurde zum neuen Treffpunkt der Jugend. Mit seinen Abmessungen von 210 Zentimetern mal 100 Zentimetern mal 500 Zentimetern lädt er die Kinder zum Klettern ein. »Anfassen, ansehen, bestaunen, benutzen, bewundern und mitmachen«, so beschreibt eine Bad Salzdetfurtherin das Kunstwerk.

Stand es bis 2019 noch vor dem Hotel Kronprinz, zog es Ende dieses Jahres schließlich in den Kurpark um.

Adresse Salinenstraße 19, 31162 Bad Salzdetfurth (im Kurpark) | ÖPNV RB 79 vom Hauptbahnhof Hildesheim nach Bodenburg, Haltestelle Detfurth Solebad | Öffnungszeiten rund um die Uhr | Tipp Die historische Altstadt von Bad Salzdetfurth bietet etliche Bauten aus dem 17. Jahrhundert. Viele haben Inschriften. Schön anzusehen sind das Hotel Kronprinz aus dem Jahr 1899 und das Gildehaus gegenüber.

15 Der Leiterbaum

Wenn zwei sich finden, freuen sich alle

Beginnen wir dieses Kapitel doch mit einem Ratespiel. Die Preisfrage lautet: Was ist ein Leiterbaum? Noch ein Hinweis: Es handelt sich um eine Buche. Falls Sie jetzt der Meinung sind, dass es um einen Baum geht, dessen Holz sich besonders gut zur Herstellung von Holzleitern eignet, haben Sie leider nur bedingt richtig geraten. Buchenholz ist zwar definitiv dazu geeignet, die Antwort ist jedoch falsch. Raten Sie ruhig noch ein wenig weiter.

Unser Baum steht mitten im Wald. Er ist dennoch leicht zu finden. Der Weg zu ihm führt an zwei Stellen vorbei, die Kuhlager und Rossplatz genannt werden. Früher haben die Bauern ihr Vieh in den Wald getrieben, um es zu schützen. Daraus entstanden diese Bezeichnungen. Am Rosslager angekommen, nehmen Sie den zweiten Waldweg, und kurz darauf haben Sie ihn erreicht, den Leiterbaum. Es war eine Laune der Natur. Die beiden Bäume wachsen unten aus einem Stamm. Einer nach links, der andere nach rechts. Beide trieben sie Äste aus, die trafen sich in der Mitte und wuchsen ineinander. Tatsächlich geben diese Verwachsungen den Bäumen das Bild einer Leiter. Und die beiden scheinen schon eine Weile zusammen zu sein, denn sie haben bereits eine stattliche Höhe von geschätzten zwölf Metern erreicht. Obwohl, kann man eigentlich von zwei Bäumen sprechen? Diese Frage kann sich jeder selbst stellen, und die Antwort wird sicher bei jedem anders ausfallen.

Direkt neben dem Baum haben sich übrigens die unter Naturschutz stehenden Kleinen Roten Waldameisen (Formica polyctena) einen Nesthügel gebaut. Halten Sie bitte etwas Abstand. Es kann allerdings recht interessant sein, ihnen bei der emsigen Arbeit zuzusehen.

Sollte der ein oder andere sich nicht allein in den Wald trauen oder die Bäume nicht finden, so steht nach Absprache gern ein Stadtführer der Stadt Bad Salzdetfurth zur Verfügung, der einen begleitet.

Adresse Finkenweg 4, 31162 Bad Salzdetfurth | Anfahrt am Hydranten in den Wald gehen, Wanderweg R1 in die entgegengesetzte Richtung laufen, bis zu den Wegen R2 und R3 (1,8 Kilometer), diesen folgen, bis sich Wege trennen, links auf unbefestigten Waldweg, diesem etwa 200 Meter folgen, bis Laubwald in Nadelwald übergeht | Tipp Das Stadthistorische Sole-, Salz- und Kali-Bergbaumuseum öffnet voraussichtlich im Herbst 2020 als Bergbau- und Salzmuseum in der Saline seine Tore im neuen Heim (Salinenstraße 19, im Kurpark).

16 Der Planetenweg

Wie bei Kapitän Kirk, nur langsamer

Wollten Sie schon immer mal wissen, wie viel die Entfernung zwischen dem Kurmittelhaus und dem Bahnhof Bodenburg beträgt? Ohne sich jetzt auf den Meter genau festzulegen, es sind knapp 5,9 Milliarden Kilometer. Nein, das ist kein Druckfehler, falls Sie sich das fragen. Sie können die Strecke selbst erwandern oder mit dem Fahrrad abfahren.

Die Tour beginnt bei besagtem Kurmittelhaus in Bad Salzdetfurth. Dort steht sie golden glänzend da, unsere Sonne. Sie markiert den Beginn des Planetenwegs. Der ist um den Maßstab 1:1,4 Milliarden verkleinert, was auch die waghalsige Einleitung dieses Kapitels erklärt. Ein paar Schritte Richtung Altstadt sind es nur bis zum Merkur. Eine Granitsäule auf der linken Gehwegseite zeigt an, wie weit dieser Planet von der Sonne entfernt ist. Die paar Schritte zur Venus (rechts) sind kaum der Rede wert, und endlich kommen auch unsere Erde und der Mond in Sicht. Die stehen nur ein paar Zentimeter auseinander.

Radeln oder wandern Sie dann weiter. Es geht durch Bad Salzdetfurths Altstadt bis nach Bodenburg. Und dort, am Endpunkt der Lammetalbahn, ist er zu finden: Pluto. Über einen Kilometer von seinem Nachbarn Neptun und 5,3 Kilometer von der Sonne entfernt. Er ist so klein, kleiner als unser Mond, dass ihm 2006 sogar der Planetenstatus aberkannt worden ist. Nun darf er sich nur noch Zwergplanet nennen. Doch kommen wir zurück auf die 5,9 Milliarden Kilometer. Das ist nur der durchschnittliche Abstand. Pluto neigt auf seiner Umlaufbahn ein wenig zum Eiern, im Jahr 2113 wird er den größten Abstand zur Sonne haben, 7,4 Milliarden Kilometer. Mal sehen, ob man für Pluto dann den Planetenweg erweitert. Wo der Endpunkt dann sein wird? Wissen Sie was? Das können Sie selbst ausrechnen, während Sie zurück nach Bad Salzdetfurth fahren. Eines ist sicher: Das Raumschiff Enterprise ist schneller als Sie.

Adresse Startpunkt am Kurmittelhaus, Unterstraße 87, 31162 Bad Salzdetfurth | ÖPNV RB 79 vom Hauptbahnhof Hildesheim bis Bahnhof Bad Salzdetfurth | Tipp Wissen Sie, was Adventuregolf ist? Nein? Es ist eine Mischung aus Golf und Minigolf. Ein Spaß für Jung und Alt. Neben der Salzgrotte ist ein Platz. Schläger und Bälle können gegen eine Gebühr in der Salzgrotte ausgeliehen werden.

17 Die Salzgrotte

Das Salz aus dem Himalaya

Salz ist allgegenwärtig, es kommt im Meer vor, in Salzstöcken, besonders reichlich in Fertignahrung, aber auch im Weltall geht es nicht ohne Natriumchlorid. Allerdings ist derzeit nicht nachweisbar, ob zum Beispiel die Bewohner des Sternhaufens Messier 13 ihre Pommes salzen. Von hiesigen Wissenschaftlern hört man, dass täglich bis zu 300 Kilogramm Salz aus dem Weltall auf die Erde rieseln. Sollten alle Ozeane austrocknen, bliebe eine 60 Meter hohe Kruste zurück. Der Salzanteil liegt bei 80 Prozent. Ohne diese chemischen Verbindungen wäre ein Leben weder im Weltall noch auf unserer Erde möglich. Lebewesen brauchen Salz, mal mehr, mal weniger.

Obwohl Salz im Übermaß vorhanden war, errichtete Bad Salzdetfurth eine Salzgrotte aus Himalaya-Salz im Kurpark. Und da sie genügend Salz zur Verfügung hatte, verbaute sie mehr als acht Tonnen in dem feinstaubfreien Raum. Man kann sich entweder auf die Liegen legen oder in eines der Salzbetten. Egal, wo man sich bettet, es ist eine gesundheitsfördernde Wohlfühloase, die den Gast auch noch ins All entführt. Jod, Magnesium, Calcium und Selen werden durch die Atmung aufgenommen, die Lichtillumination entspannt, und an der Decke spielt sich ein Schauspiel ab, welches man durch die Lichtverschmutzung kaum noch live erleben kann. Die Lichtinstallation führt während des 45-minütigen Aufenthalts durch 24 Stunden Himmel. Tag und Nacht. Irgendwann erscheint die Milchstraße. Wo der aus den Perry-Rhodan-Romanen bekannte Sternhaufen zu finden ist? Wenn Sie es unbedingt wissen wollen, nehmen Sie einen Sternatlas mit, suchen Sie einen hellen Stern im Sternbild Herkules. Nein, lassen Sie es bleiben und genießen Sie die Wohlfühloase! Für die Kleinsten ist gesorgt. Wenn Mama und Papa sich entspannen, können sich die Kinder in einer extra für sie gestalteten Ecke austoben und mit Spielzeugbagger und Traktor das Salz von einer Ecke in die andere transportieren.

Adresse Mühlenwiese, 31162 Bad Salzdetfurth | **ÖPNV** RB 79 vom Hauptbahnhof Hildesheim bis Haltestelle Detfurth Solebad | **Öffnungszeiten** Di–So 10–19 Uhr, Kinderzeiten: Di 17–19 Uhr, Do 10–11 Uhr | **Tipp** Die einzige Eisdiele im Ort ist das Eiscafé Dolce Vita in der Unterstraße 52. Mit ein wenig Glück findet man drinnen oder draußen einen Platz, um sein Eis zu genießen. Definitiv lohnenswert.

18 Der Bullenstall

Rindviecher und Kunst

Wenn man das Schlossgelände von der Teichstraße aus betritt und sich vor dem im Verfall befindlichen zentralen Bau links hält, dann fällt dem Besucher ein markantes, lang gezogenes Bauwerk auf. Bei dem schiefergedeckten Dach handelt es sich um eine Bogendachkonstruktion, die in Niedersachsen einzigartig ist. Professor Martin Thumm von der Hochschule für angewandte Wissenschaft und Kunst erfand für das Dach die einprägsame Bezeichnung Sattelschwingdach. Eine dendrochronologische Untersuchung des Dachstuhls ergab, dass das Bauholz dafür im Winter 1856/57 geschlagen wurde.

Sofort stechen sechs grüne Türen auf der Längsseite ins Auge, die die ursprüngliche Nutzung verraten: Das Gebäude war ein Stall, was ihm den Namen Bullenstall einbrachte. Er ist in Anknüpfung an seine Dachform seit 1998 eine »Arche für die Kunst«, ein Kunstgebäude. 1992 verpachtete Burghard Freiherr von Cramm das Gebäude an den Kunstverein Bad Salzdetfurth. Seit 30 Jahren ungenutzt, befand er sich in einem ruinösen Zustand. Sechs Jahre lang arbeiteten die Mitglieder des Kunstvereins und viele freiwillige Helfer unermüdlich an der denkmalgerechten Restaurierung. Und 1998 war durch Spenden, Fördergelder und unzählige Arbeitsstunden der »Griff nach den Sternen« gelungen, wie es der Vorsitzende des Vereins Hans-Werner Kalkmann nicht ohne Stolz formuliert. Recht hat er!

Auf zwei Etagen bieten circa 500 Quadratmeter Platz für internationale Ausstellungen zeitgenössischer Kunst und Kulturveranstaltungen. Reizvoll ist das Obergeschoss, denn hier kann man die gesamte Konstruktion von unten sehen. Mit enormem Aufwand haben die Zimmerleute sie damals gebaut, was für einen Stall ungewöhnlich erscheint. Die Akustik dieses Raumes eignet sich bestens für Konzertveranstaltungen. Unter dem Gewölbe sieht es aus, als hätte man ein riesiges Holzruderboot umgedreht und auf die Kniestöcke des Obergeschosses gehievt.

Adresse Kunstverein Bad Salzdetfurth e. V., Kunstgebäude Schlosshof Bodenburg, Teichstraße 15a, 31162 Bad Salzdetfurth-Bodenburg, www.kunstverein-bad-salzdetfurth.de | ÖPNV RB 79 vom Hauptbahnhof Hildesheim bis Endhaltestelle Bodenburg | Öffnungszeiten während der Ausstellungen Sa 15–18 Uhr, So 11–18 Uhr und nach Vereinbarung; Eintritt frei | Tipp An der Abbiegung Schäferweg/Am Borbach betreibt ein Verein das Freie Bad Bodenburg. Es ist nicht allzu groß, die Preise allerdings auch nicht (Erwachsene 2,50 Euro, Kinder 1,50 Euro, www.freiesbad-bodenburg.de).

19__Der Schlosspark

Von alten Grabplatten und Enten

Ein verrostetes Schild deutet auf Privatbesitz hin, wenn man an dem kleinen Parkplatz in Bodenburg den Park betritt. Doch es handelt sich um ein öffentliches Gelände. Darauf verweist eine Infotafel mit Lageplan hinter dem Tor. Auf der linken Seite steht ein Bungalow, seine Wände sind mit Edelrostplatten verkleidet. Gegenüber der Bullenstall (siehe Ort 18), rechts daneben der hohe Bergfried mit Turmuhr. Dahinter führt ein Spazierweg in den Park. Dort sollten Sie sich nicht davon abhalten lassen, die Wege zu verlassen. In einer Lichtung sind etwas versteckt Gräber zu entdecken. Es handelt sich um den Privatfriedhof der Schlossbewohner. Der Weg geht weiter, und man kommt zu einer Stelle, an der man das Wasserschloss aus einiger Entfernung betrachten kann. Ein See mit Enten lädt schließlich zum Verweilen ein, doch schnell fällt das Auge auf eine Art Denkmal. Kreisrund angeordnet sind am Rand des Sees alte Grabplatten, einige davon Hunderte Jahre alt und so verwittert, dass die Inschriften schwer zu entziffern sind.

Rechts am See vorbei führt ein Weg über die Wiese zu den alten und seltenen Bäumen, und natürlich zum Wassergraben, der das Schloss früher vor Angriffen schützte. Was gibt es noch zu sehen? Den künstlichen Wasserfall oder den Tennisplatz des Tennisprofis Gottfried von Cramm, der in Nettlingen geboren wurde. Der hat in 101 Spielen beim Daviscup 82 Siege nach Hause getragen. In den 1930er Jahren war von Cramm als Sportler in aller Munde. Es gibt sehr viel zu entdecken im Schlosspark. Nehmen Sie sich einfach etwas Zeit und genießen Sie die Ruhe. Oder wenn es Ihnen beliebt, auch die Piloerektion, eine vom vegetativen Nervensystem gesteuerte Kontraktion des Haarbalgmuskels, die Sie an manchen Stellen überkommen könnte. Das ist übrigens nichts Schlimmes oder Verderbliches, denn der Volksmund nennt dieses Ereignis schlicht Gänsehaut.

Adresse Teichstraße 15a, 31162 Bad Salzdetfurth-Bodenburg | ÖPNV RB 79 vom Hauptbahnhof Hildesheim bis Endhaltestelle Bodenburg | Öffnungszeiten täglich bis Einbruch der Dämmerung | Tipp Kennen Sie Junia? Sie ist auf dem Kirchplatz von St. Johanni als 13. Apostelin dargestellt. Der Platz wurde in drei Kontakt-Kunst-Aktionen von Hans-Oiseau Kalkmann und Jens Kalkmann gestaltet. Rund um Bodenburg sind noch einige Kontakt-Kunst-Aktionen zu bewundern.

20 Das Alte Fachwerkhaus

Hochwassergeplagt

Wenn die Innerste über ihre Ufer tritt, kann es zu heftigen Überschwemmungen kommen. Das kennen die Anwohner aus den Jahren 2007, 2013 und 2017. Auch in früheren Zeiten richtete das Hochwasser in der Region schwere Schäden an. So wurde um 1779 der Kötherhof (ein Hof, der im Besitz eines Bewohners war, der wenig Land besaß und den Hof als Werkstatt betrieb) des Franz Walter Iburg zerstört. 1780 errichtete er an dessen Stelle ein neues Fachwerkhaus und schrieb an die Wand: »Ich habe nicht gebauhet aus Pracht sondern die Wassernot hat mich dazu gebracht«. Es ist nicht das einzige Gebäude aus jener Zeit, an dem ein ähnlicher Spruch in die Balken geschnitzt wurde. Es gibt viele solcher Hausinschriften, auch in benachbarten Dörfern. Was Iburg wohl geschrieben hätte, wenn er gewusst hätte, dass sein Haus auch noch im Jahr 2020 steht? Einen Gruß an uns? Wer weiß.

Die nachfolgenden Besitzer, die Familie Wedekind, vermieteten es an Landarbeiter. Im Zweiten Weltkrieg diente es als Unterkunft für Hildesheimer, die ihr Heim im Bombenhagel verloren hatten. Nach Kriegsende zogen Vertriebene ein. Danach stand es leer und verfiel zusehends, bis es nicht mehr bewohnbar war. Man wog ab, ob man es abreißen sollte. Doch es kam dann anders.

Die 900-Jahr-Feier des Ortes stand 1986 an. Die Organisationsbeauftragte Lieselotte Bogun war der Meinung, dass es für Groß Düngen eine passende Ausstellungsstätte geben sollte. Ein Kulturverein wurde gegründet, der das Gebäude sanierte. In der Hildesheimer Allgemeinen Zeitung konnte man lesen: »Groß Düngener Bürger renovieren altes Haus – kultureller Treffpunkt für die 900-Jahr-Feier. Mit einfachsten Mitteln bringt eine Handvoll Bürger das alte Gebäude wieder in Schwung.«

Heute werden im Alten Fachwerkhaus Theaterstücke vorgeführt oder klassische Konzerte veranstaltet, der Oster- und der Erntemarkt sind Publikumsmagneten.

Adresse Hildesheimer Straße 13, 31162 Bad Salzdetfurth-Groß Düngen | **ÖPNV** RB 79 vom Hauptbahnhof Hildesheim bis Bahnhof Groß Düngen | **Öffnungszeiten** bei Veranstaltungen, Infos unter www.grossduengen.de/kulturverein | **Tipp** Das Landhaus am Sonnenberg ist nicht nur ein sehr beliebtes Ausflugslokal, sondern auch ein Hotel, das liebevoll eingerichtet ist. Die Küche ist gutbürgerlich, es werden saisonale Gerichte angeboten. Der Ausblick über das Innerstetal ist wunderschön (Sonnenberg 1, Diekholzen).

21 Das Hexenhaus

Wer kommt in den Ofen?

Wer die Sieben Berge bei Alfeld mit Schneewittchen und den sieben Zwergen in Verbindung bringt, der irrt leider. Die Gebrüder Grimm waren vermutlich niemals in dieser Gegend. Märchenhaft geht es im Hildesheimer Land dennoch zu. Zwischen den beiden Bad Salzdetfurther Ortsteilen Detfurth und Groß Düngen, mitten im Wald, im Söhrer Forst, liegt die Waldgaststätte Waldfrieden, die man eher als Hexenhäuschen kennt. Denn neben gutbürgerlicher Küche wird hier an manchen Tagen auch im Ofen gebratene Hexe angeboten. Diese Offerte hat natürlich nur bedingt mit dem Restaurant zu tun, eher mit seinem Außengelände. Denn betritt man das Gelände, kommt man im Eingangsbereich an einem kleinen Häuschen vorbei, das aus Brezeln und Lebkuchen zu bestehen scheint. Aus einem der Fenster schauen zwei Kinder. Eine alte Frau steht direkt hinter ihnen. Es sind Hänsel und Gretel, die von der Hexe, stilecht und gruselig mit dicker Warze auf der Nase, gefangen gehalten werden. Hänsel und Gretel betteln mit ihrem Blick um Rettung. Etwas Vorsicht ist also geboten, manch ein Gast ist schon im Bauch der Hexe verschwunden. Aus diesem Grund sollte man lieber keinen Rettungsversuch unternehmen, sondern geschwinden Schrittes weiterlaufen. Der Betreiber des Waldfriedens hat etwas gegen solche Versuche.

Die Bäume des dichten Mischwaldes spenden im Sommer Schatten für die Außenterrasse der Waldgaststätte. Bei schlechtem Wetter bietet die Gaststube uriges Ambiente. Es wird deftige Hausmannskost serviert, und die Gäste schwärmen vom Essen und den aufmerksamen Servicekräften. Wer kein schlechtes Gewissen wegen seiner Figur haben möchte, der wandert von Groß Düngen aus. Über Wege an Feldern und Wiesen vorbei, mal hoch, mal runter, durch den herrlichen Wald. Und vielleicht gelingt es der Gretel, die böse Hexe zu überlisten und in den Ofen zu schieben. Dann gibt es den besagten Hexenbraten.

Adresse Waldfrieden 1, 31162 Bad Salzdetfurth-Groß Düngen, Tel. 05063/649 | ÖPNV RB 79 vom Hauptbahnhof Hildesheim bis Bahnhof Groß Düngen, vom Bahnhof zur Bundesstraße laufen, dann circa einen Kilometer rechts halten, bis Bergstraße links abbiegt, insgesamt circa drei Kilometer | Öffnungszeiten Di–So 11–21 Uhr | Tipp In der Nähe befindet sich das Denkmal des alten Landtages des Fürstentums Hildesheim. Es steht auf einer Wiese, an der man vorbeikommt, wenn man nach Bad Salzdetfurth zurückwandert.

22 Die Mordmühle

Neun Leichen in der Mühle

Stellen Sie sich das mal vor: Sie sind ein wohlhabender Müller in längst vergangenen Zeiten und verfügen über ein nettes Vermögen, das Sie in Ihrem Haus versteckt haben. Den Abend vor Weihnachten verbringen Sie, wie es sich für Christenmenschen gehört, in Wesseln in der Christmette. Nur eine Magd bleibt zu Hause, die für die Feier morgen Warmbier zubereitet. Auf dem Weg zurück treffen Sie auf ebenjene Magd, die vollkommen aufgelöst ist und bewusstlos vor Ihnen zu Boden stürzt. Sie bringen die Magd nach Hause und finden dort ein Blutbad mit neun Leichen vor. Doch was ist geschehen?

Während des Gottesdienstes kamen neun Räuber, um Sie um Ihre Taler zu erleichtern. Die Magd war alarmiert, hatte sie die Anwesenheit der Ganoven doch schon vernommen. Einer nach dem anderen kroch durch den Wellengang der Mühle ins Haus. Sie schlug einem jeden mit einer Axt den Kopf ab und zog den Körper des Getöteten ins Innere. »Ist alles in Ordnung?«, fragten die nachkommenden Verbrecher. »Ja, ihr könnt nachkommen. Es ist nur eine junge Magd hier. Mit der werden wir fertig«, antwortete die Magd mit verstellter Stimme. So tötete sie neun Halunken, ehe sie Panik überkam und sie ihren Herrschaften entgegeneilte. Natürlich sprach sich das Geschehen herum, und die Mühle wurde seitdem nur noch Mordmühle genannt. Selbstredend eine falsche Begrifflichkeit!

Die Mühle gibt es immer noch, einige Zeit war sie eine Gaststätte, nun ist sie im Privatbesitz. Und Sie? Sie kümmerten sich fortan herzlich um Ihre Magd, ihr mangelte es zeit ihres Lebens an nichts mehr. Und an dem Ort, an dem Sie in der Nacht vor dem Weihnachtsfest zusammentrafen, pflanzten Sie einen Busch, der seither als Störtebusch (Stürzebusch) bekannt ist. Wandern Sie einfach mal von Wesseln nach Groß Düngen, Sie werden ihn finden, denn auch ein Gedenkstein wurde aufgestellt. Ob die Geschichte wahr ist? Wer weiß.

Adresse Hildesheimer Straße 3, 31162, Bad Salzdetfurth-Groß Düngen | ÖPNV RB 79 vom Hauptbahnhof Hildesheim bis Bahnhof Wesseln, über Büntestraße zur B 243 und entlang der B 243 nach 900 Metern zur Mordmühle, Gedenkstein etwa 100 Meter davor auf der linken Seite | Öffnungszeiten nur von außen zu besichtigen | Tipp Umweltfreundlich und aus der Vogelperspektive lässt sich die Umgebung von Bad Salzdetfurth im Segelflieger erkunden. Allerdings spielen Thermik und Wind eine tragende Rolle. Einen Schnupperflug vom Segelflugplatz in Wesseln aus buchen (www.sfg-salzdetfurth.de oder Tel. 05063/4666).

23 Heinder Naturtrüb

Prost!

Warum schmeckt Bier immer gleich? Weil stets dieselben Konzerne kleine und mittlere Brauereien schlucken und dann immer dieselbe billige Rezeptur einsetzen, von der Qualität der Rohstoffe ganz zu schweigen. Darauf haben viele Leute keine Lust mehr, und so wurden in den letzten Jahren Hunderte Braumanufakturen gegründet. So auch in Heinde.

Dort saßen einst Jan Reichert und fünf Bekannte (die »Naturtypen«) zusammen und hatten Lust darauf, ihr eigenes Bier zu brauen. Eine Garage war vorhanden. Die Idee: Das oberste Gebot sollte die Reinheit sein, und die gesundheitsfördernden Inhalts- und Ballaststoffe sollten beim Brauprozess erhalten bleiben. Die Zutaten waren schnell besorgt und das erste naturtrübe Bier gebraut. Auf privaten Feiern wurde das »etwas andere Bier« hoch gelobt, was die Brauer dazu anregte, neue Rezepte auszuprobieren. Von Charge zu Charge schmeckte das Bier anders, sodass es eine gewisse Einzigartigkeit erhielt. Schnell wurde das Bier über die Heinder Grenzen hinaus bekannt und die Garage zu klein, also zogen die Brauer erst in eine Scheune, dann in einen Braukeller. Dies ermöglichte es, 100 Liter auf einmal zu brauen.

Sodann boten Jan Reichert und seine Kollegen Workshops an. So hat auch ein Hochzeitspaar vor dem großen Ereignis ihr eigens für die Feier kreiertes Bier selbst hergestellt. Da das Bier keine Konservierungsstoffe enthält, ist seine Haltbarkeit begrenzt. Warum auch, denn solch ein kühles Blondes wird gern und schnell vernascht. Bei Veranstaltungen in Hildesheim, bei »Hopfen und Happen«, beim Schmeckfest im April oder beim Brauereifest im November kann man sich selbst von der Vorzüglichkeit des Heinder Bieres überzeugen. Aus dem Hobby ist mittlerweile die Heinder Naturtrüb Gesellschaft des bürgerlichen Rechts geworden. Jeden zweiten Donnerstag im Monat kann man den »Offenen Braukeller« besuchen. Termine finden sich auf der Webseite.

Adresse Heinder Naturtrüb GbR, Wallmodenweg 1, 31162 Bad Salzdetfurth-Heinde, www.heinder-naturtrueb.de | ÖPNV ab ZOB Linie 34 bis Haltestelle Heinde | Anfahrt in Groß Düngen Richtung Heinde abbiegen, nach lang gezogener Linkskurve links in Wallmodenweg | Öffnungszeiten Infos siehe Webseite | Tipp Im Mühlenweg findet man die ehemalige Wassermühle an der Innerste, die heute im Privatbesitz ist und als Wasserkraftwerk und Stauwehr genutzt wird. Schöne Wanderwege führen durch die Gegend.

24 Die Lindenallee

Ein Wanderweg der besonderen Art

Direkt hinter dem Friedhof, beim dorfabgewandten Ausgang, beginnt eine Promenade: die Heinder Lindenallee. Anlegen ließ sie Karl August Ludwig Reichsgraf von Wallmoden-Gimborn um das Jahr 1870. Der war der Gartenkunst besonders zugetan und ließ auch den Georgsgarten in Hannover gestalten. Das Wallmodenschlösschen dort beherbergt heute das Wilhelm-Busch-Museum.

Die Linden wurden sehr eng, mit einem Abstand von nur drei Metern, angepflanzt. Durch den dadurch nötigen Rückschnitt der Kronen entwickelten sie sich zu Kopfbäumen. Insgesamt waren es um die 670 Bäume auf einer Strecke von einem Kilometer. Der Weg verläuft bis ins Nachbardorf Listringen und wurde als Kirchweg genutzt, denn die Listringer hatten zu dieser Zeit noch keine eigene Kirche.

Doch der Zahn der Zeit – immerhin ist das 150 Jahre her – nagte auch an den Linden. 2013 wurde eine Bestandsaufnahme gemacht. 370 Bäume waren noch in einem gesunden Zustand. Der Rest musste gefällt werden oder ist schon vorher eingegangen. Dafür wurden 300 junge Linden gepflanzt, sodass die Allee bald wieder ähnlich prächtig sein wird, wie sie einst war.

Als Fußgänger wandert man auf Gras schnurgerade an Streuobstwiesen vorbei, im Volksmund »Apfelberg« und »Zwetschenberg« genannt, in die Nachbargemeinde. Nur eine einzige Biegung macht die Allee nach etwa 300 Metern. Jeden Augenblick – so meint man – könnte eine Pferdedroschke heraneilen, der Kutscher »Aus dem Weg! Macht Platz!« schreien. Denn irgendwie wirkt die Allee so, als wäre sie einem Historienschinken entsprungen. Das macht sie so einzigartig. Und das genau quittierte der Niedersächsische Sparkassenverband 2014 mit dem »Preis der Denkmalpflege«. Der ging an den heutigen Eigentümer, Nikolaus Graf von Kielmannsegg, sowie an das Ingenieurbüro Hoeren und Hantke, das das Projekt leitete. Vollkommen zu Recht für diese denkmalgeschützte Allee.

Adresse Am Kirchberg 6, 31162 Bad Salzdetfurth-Heinde | ÖPNV Linie 34 ab ZOB bis Haltestelle Heinde | Anfahrt Parkmöglichkeiten in der Straße Am Kirchberg, Beginn der Allee hinter dem Friedhof | Tipp Das Gasthaus Ohms in der Hauptstraße 33 in Heinde bietet polnisch-deutsche Küche. Wer also mal Lust auf Pierogi, Bigos oder Zurek hat, ist dort richtig.

25 Der Bahnübergang

Der reale Irrsinn

Man nehme eine Idee, ein Fernsehteam, die bekannte Filmmusik des Westerns »Spiel mir das Lied vom Tod« von Ennio Morricone und einen Mann, dessen Name an dieser Stelle nicht genannt werden soll. Eine weitere Zutat zu diesem etwas schalen Süppchen ist ein zweistöckiges Häuschen, das aufgrund seiner Größe kaum zum Bewohnen geeignet ist. Dieses liegt am Ortsende von Hockeln bei Groß Düngen, wenn man die Gleise am Bahnübergang überquert. Das Haus erlangte im Jahr 2006 eine gewisse Bekanntheit. Denn ein Team der Satiresendung Extra 3 vom Norddeutschen Rundfunk filmte es und untermalte den Film mit der Mundharmonikasequenz vom »Lied vom Tod«. Und es interviewte den Mann, der darin arbeitete. Der war einer der Letzten seines Berufsstandes in Deutschland. Er war ein Schrankenwärter, der die Schranke bediente, und bei dem Haus handelte es sich um das Schrankenwärter-Häuschen. »Der reale Irrsinn«, so der Untertitel von Extra 3, bezeichnete die Tatsache, dass die Straße zu zwei Häusern am Ende einer Sackgasse führt, die jenseits der Schienen liegen. 18 Mal am Tag musste der Schrankenwärter die Schranke schließen und wieder öffnen, da die Bahnstrecke von Hildesheim nach Holle eher wenig befahren wird. Das Ergebnis der Filmerei war ein Drei-Minuten-Spot, der die Sinnlosigkeit seiner Arbeit persiflierte. Dazu wurde das Interview zusammengeschnitten, der Bahnbedienstete sichtlich gelangweilt dargestellt. Die Sachlage wurde – sagen wir – nicht ganz wahrheitsgemäß dargestellt.

Denn der Schrankenwärter samt seiner beiden Kollegen, die sich im Schichtdienst abwechselten, hatte noch weitere Aufgaben. Dazu gehörte die Aufsicht über mehrere Bahnübergänge. Der dafür genutzte Monitor war im Beitrag kurz zu sehen.

Gut zu sprechen auf die Sendung und deren Macher ist der Mann nicht. »Das war alles ein Joke, alle haben sie gelacht, das war's.« Mehr wollte er dazu nicht sagen.

Adresse Zur Bauerwiese, 31162 Bad Salzdetfurth-Hockeln | ÖPNV RB 79 ab Hauptbahnhof Hildesheim bis Bahnhof Groß Düngen, dann Linie 341 (Anruf-Linientaxi, Fahrtwunsch bis eine Stunde vor Abfahrt anmelden unter Tel. 05121/76420) | Tipp Am Mühlenweg in Heinde fließen die Lamme und der Kammbach in die Innerste.

26 Die Kapelle Östrum

Ein spektakulärer Ausblick auf den Wasserturm

Auf einer sanften Anhöhe steht eine aus Bruchstein gemauerte Kapelle inmitten eines kleinen Friedhofs. Betritt man das Gelände durch das Tor und läuft ein Stück nach rechts, bietet sich eine spektakuläre Aussicht. Hinter dem Gotteshaus wächst nämlich der mittlerweile bewohnte historische Wasserturm des ehemaligen Bahnhofs von Bodenburg in die Höhe. Mit ihm wurden einst die Dampflokomotiven mit Wasser versorgt. Dort begann die Zweigstrecke nach Bad Gandersheim. Viele Gebäude sind erhalten.

Doch zurück zur Kapelle. Ein Bild in Schwarz-Weiß und mit einem Sepia-Effekt belegt, bringt einen in die Anfangszeiten der Fotografie zurück. Fast, denn die Plastikgießkannen vor der Stirnseite der Kapelle sollte man besser hinter dem Trog verstecken. Auch die Grabsteine sind teilweise zu neu. Egal. Das Gotteshaus dient heute als Friedhofskapelle. Das war jedoch nicht immer so. Über das exakte Entstehungsjahr ist nichts bekannt, 1.000 Jahre soll die Kapelle alt sein. Bei Renovierungsarbeiten wurden 2014 entsprechende Fresken gefunden, die aber zu ihrem Schutz und aus finanziellen Gründen fachgerecht für die Nachwelt gesichert wurden. Soll heißen, sie sind durch einen bedeckenden Innenanstrich geschützt worden.

Die kleine Kirche liegt auf halber Strecke von Hildesheim nach Bad Gandersheim und gehörte später zum Michaeliskloster Hildesheim. Der Weg wurde als Kurierweg (Rennsteig beziehungsweise Rennstieg) genutzt. Pilgernden Nonnen und Mönchen diente die Kapelle als Übernachtungsquartier.

Ein Hag umgab die namenlose Kapelle, eine Hecke aus Weißdorn. Bis zu einer Höhe von einem Fuß (etwa 30 Zentimetern) mussten die Bewohner damals das Gestrüpp knicken und flechten. Dazu waren sie verpflichtet. Sicher war das ein schmerzvoller Frondienst. Überliefert ist auch, dass die morastigen Wege gespickt, also mit Zweigen belegt waren. Die ganze Gegend war einst Sumpfgebiet.

Adresse Kapellenweg, 31162 Bad Salzdetfurth-Östrum | ÖPNV RB 79 ab Hauptbahnhof Hildesheim bis Endhaltestelle Bodenburg | Öffnungszeiten nur bei Aussegnungsfeiern und zu speziellen Anlässen von innen zu besichtigen | Tipp Der Wasserturm ist Teil des 15 Kilometer langen »Ökologischen Wasserlehrpfads«, der auf die verschiedenen Arten der Wassernutzung und die jeweiligen Probleme eingeht. Eine Infotafel findet sich links des Grundstücks.

27 Der Schellbrunnen

Von einer spukenden Jungfrau und einem Jüngling

»Ohe« ist die Bezeichnung für ein kleines Waldstück zwischen Wehrstedt und Bültum. Vor vielen hundert Jahren war dieser Flecken Erde ein kahler Höhenzug und gehörte dem Kloster Lamspringe. Ein mittelalterlicher Ritter spielt die tragende Rolle in dieser Geschichte. Dem Herrn von Steinberg wurde nämlich ein Töchterlein geboren. Er bat die Nonnen des Klosters um die Patenschaft. Das war nicht uneigennützig, denn das versprach Geschenke. Die Nonnen schenkten dem Mädchen den Hügel. Doch auch die Betschwestern hatten Hintergedanken. Der Ritter sollte das Land mit Korn bestellen lassen. Der jedoch dachte nicht daran und ließ Bucheckern auswerfen.

Als die Nonnen das sahen, riefen sie erschreckt »Oh, oh, oh!« und »O weh, o weh!« aus, und so bekam das Land den Namen »Ohe« (Aue).

Hier liegt der sagenumwobene Schellbrunnen am Fuß alter Buchen. Im Lammetal, etwas oberhalb von Wehrstedt, findet man den Quellteich, dessen Wasser nie versiegt und der so rein ist, dass die Einwohner es zum Trinken schöpfen und damit ihre Kinder taufen lassen. Dem Wasser werden zudem heilende Kräfte nachgesagt. Die Sage vom Schellbrunnen erzählt, dass in jeder Vollmondnacht zur Geisterstunde eine weiße Jungfrau aus ihm emporsteigt. Sodann erscheint ein schöner Jüngling, der sich vor ihr verneigt. Die beiden tanzen so lange zusammen, bis die Kirchturmglocke ein Uhr schlägt. Dann verschwinden sie wie in einem Nebelschleier.

An diesem wundersamen Plätzchen findet man tiefe Ruhe und lauscht dem Plätschern des Wassers, das über dicke Steine in die Lamme fließt. Es wird dem Verweilenden bewusst, wie tief unsere Kultur, vor allem unsere Sagenwelt, mit dem Wald verbunden ist. Wer das alles nur als Unfug abtut, der sollte in einer Vollmondnacht zum Schellbrunnen gehen und auf Mitternacht warten. Manch einer hat die beiden schon gesehen. Ob Alkohol im Spiel war, ist nicht überliefert.

Adresse Lammetal, 31162 Bad Salzdetfurth-Wehrstedt | ÖPNV RB 79 ab Hauptbahnhof Hildesheim bis Bahnhof Bad Salzdetfurth, umsteigen in Linie 411 bis Haltestelle Wehrstedt | Anfahrt zwischen Wehrstedt und Bültum, nach dem Ortsschild in ersten Weg rechts abbiegen, am nächsten Feldweg erneut links abbiegen und weiter bis zum Wald, Schellbrunnen linker Hand | Tipp Das Schloss Söder und der Schlosshof dürfen zwar nicht betreten werden, aber auch von außen ist der Anblick imposant. Die Gegend eignet sich hervorragend zum Wandern und Reiten. Zum Schloss gehört auch ein Reitstall (Schlosshof 6).

28 Das Museum der Zeit

Ein Global Player

Waren Sie schon mal in Buenos Aires, der Hauptstadt Argentiniens, und haben dort am Rathaus, an der Plaza de Mayo, die Turmuhr bewundert und dem berühmten, frei stehenden Glockenspiel gelauscht? Woher kommt die Uhr? Aus Bockenem! Und gefertigt wurde sie von der Firma Weule. Die war einst ein Global Player, was Turmuhren betraf. 1836 als Uhrmacherwerkstatt gegründet, spezialisierte sich Johann-Friedrich Weule im Jahr 1849 auf Großuhren. Die erste Arbeit war eine Turmuhr für die Marktkirche St. Cosmas und Damian in Goslar. Von der exzellenten Qualität überzeugt, bestellten immer mehr Gemeinden in Deutschland Uhrwerke. Aus einem kleinen Meisterbetrieb wurde so eine Fabrik.

Als die Expo 1879 in Sydney abgehalten wurde, lieferte die Firma Weule, nun geleitet von den Söhnen Friedrich und Wilhelm, vier Uhrwerke. Längst hatten die Turmuhrenbauer einen internationalen Ruf. Während der Betrieb den Ersten Weltkrieg und die Weltwirtschaftskrise noch gut meistern konnte, zerbrach er am Zweiten Weltkrieg. 1953 meldet er Konkurs an. Das Jahr 1965 besiegelte schließlich das endgültige Aus für die Firma Weule.

In Bockenem öffnete 1970 ein Heimatmuseum seine Tore, das 1980 um das Turmuhrenmuseum erweitert wurde. Mittlerweile können um die 60 Exponate besichtigt werden. Viele von ihnen sind funktionstüchtig, wie ein Werk aus dem Jahr 1598. Und auch kleine Filmfans kommen auf ihre Kosten, denn vor ein paar Jahren fragte ein Münchner Filmstudio an, ob es eine der Uhren als Leihgabe bekommen könnte. »Unseren Filmstar«, nennt Günther Haas vom Museum die Uhr aus dem Jahr 1911. Sie war als Filmkulisse Schlafplatz für »Das kleine Gespenst« aus dem Kinderbuch von Otfried Preußler. Den Film brachten die Universal Studios 2013 auf den Markt. Das »Museum der Zeit« ist mittlerweile eher ein Uhren- und Heimatmuseum geworden. Wer es besucht, sollte sich unbedingt den Film zur Firmengeschichte ansehen.

Adresse Buchholzmarkt 21, 31167 Bockenem, www.turmuhrenmuseum-bockenem.de | Anfahrt Museum direkt am Marktplatz neben der St.-Pankratius-Kirche, Parkplätze am Ortseingang | Öffnungszeiten Sa, So 15–17 Uhr und nach Vereinbarung | Tipp In Bockenem gibt es ein gepflegtes und günstiges Freibad mit Sprungturm und Wellenrutsche. Auch ein Minigolfplatz und Spielplätze sind vorhanden.

29 Der historische Hochofen

Der älteste Ofen im Land

Im Jahr 1727 wurde in Bornum die Wilhelmshütte gegründet. Zuvor waren in Neuwallmoden, später auch in Ortshausen Eisensteine gefunden worden. Die Menschen hofften auf einen ähnlichen Reichtum wie in Goslar und wahrscheinlich auch darauf, edlere Erze zu schürfen. Für den Schmelzvorgang waren in dieser Zeit schon kohlebetriebene Hochöfen üblich. Um auf die nötige Temperatur von 1.600 Grad zu kommen, wurden große Blasebalge eingesetzt, die mit Wasserkraft betrieben wurden.

Der Hochofen in Bornum war eine mit Koks befeuerte Anlage, stammt aber aus dem Jahr 1783. Der Aufwand war immens. So transportierten neun Fuhrleute mit 25 Pferden 2.000 Karren Holzkohle von den Kohlemeilern heran. Weitere 18 Fuhrleute mit 75 Pferden lieferten 3.048 Karren Eisenstein pro Woche. Daraus wurden von 25 bis 30 Männern 150 Zentner Roheisen geschmolzen. Ab 1803 wurde die Wilhelmshütte um eine Zaint-, Huf- und Nagelschmiede erweitert. Zaintschmiede stellten mit Hammerwerken Eisenstangen und -bänder her, die als sogenannte Halbzeuge zum Beispiel an Nagel- und Messerschmiede verkauft wurden. Zu dieser Zeit standen 92 Männer in Lohn und Brot. Auch nach Schließung des Hochofens 1859 bestand die Wilhelmshütte weiter, als Hersteller von Haushaltskohleöfen und Herden durch die Firma Hempelmann. Die verschlief allerdings den Umstieg auf Ölöfen und machte 1966 Konkurs. Seitdem verfällt das Industriegelände zusehends.

Zu besichtigen ist der Hochofen jederzeit, denn er steht außerhalb des Geländes. Er ist ein herausragendes Industriedenkmal, deutschlandweit existieren nur zwei ähnliche Objekte. Eine Schautafel verdeutlicht die früheren Arbeitsabläufe. Der Verein für Heimatkunde im Ambergau hat es sich unter anderem zur Aufgabe gemacht, den Hochofen zu erhalten. Dieser wurde von oben beschickt und war bis vor Kurzem noch offen. Zum Schutz vor Regen baute der Verein eine Glasscheibe über die Öffnung.

Adresse Hütteberg 10, 31167 Bockenem-Bornum | Anfahrt Parkmöglichkeiten auf dem Platz vor dem ehemaligen Werk in der Werkstraße, über Hütteberg links vom Gelände zum historischen Hochofen, dort keine Parkmöglichkeit | Tipp Bockenem ist seit 1427 Mitglied der Hanse. Einmal im Jahr finden die Hansetage statt. Ein historischer Spaß für Jung und Alt.

30__Zum alten Gustav

Eiskaltes Eis, heiß begehrt!

Was verbinden Sie mit »Haryer Sommerberg« oder »Thingbecher«? Ist Ersterer ein Berg im Bockenemer Raum? Der Thingbecher ein Becher, den die Germanen extra für ihre Versammlungen mitgebracht haben? Ziemlich falsch geraten, denn es sind Eisbecher, die das Hofcafé »Zum alten Gustav« anbietet.

Speiseeis ist nicht gleich Speiseeis. Auch das vom Italiener schmeckt sicher besser als das industriell gefertigte Eis aus der Tiefkühltruhe vom Supermarkt. Wenn man eine Eismaschine sein Eigen nennt, kann man mit frischen und hochwertigen Zutaten den Genuss oftmals noch steigern. Schwer zu toppen sind allerdings die Produkte des Hofcafés. Und sie sind auch noch innovativ. Wer kommt schon auf die Idee, ein Biereis herzustellen? Hergestellt aus Maibock, um genau zu sein. Vielleicht gibt es in Eisdielen hie und da Zwetschgeneis, aber Holunderblütensorbet oder Rhabarbereis wird man vergebens suchen. Das gilt auch für Pistazieneis mit Amarenakirschen oder Bratapfel. Weitere eiskalte Tipps sind übrigens das phantastische Marzipaneis, Kaffee mit Amaretto, Karamell-Banane und das Erdbeersorbet.

Wenn es irgendwie möglich ist, kommen die Früchte aus dem Garten, die Milch nennt sich »Frische Lieblingsmilch« und stammt aus Bültum von Niehoffs Hofmolkerei. Christina und Friedrich Niehoff sind die Eltern von Julia Barnstorf, der Chefin des Hofcafés. Und was wäre ein Café ohne Torten und Kaffee? Die gibt es natürlich auch. Seien Sie aber nicht enttäuscht, wenn es im Herbst kein Rhabarbereis mehr gibt, denn Julia Barnstorf stellt ihr Eis nicht nur aus regionalen Rohstoffen her, sondern mit dem, was die Natur in der Saison bietet. Was weg ist, ist weg. Kommt aber im darauffolgenden Jahr wieder. Versprochen! Hier sind Baileys, Malaga und Schokolade mal ausgenommen. Schwamm drüber. Auf den Geschmack kommt es an. An neuen Sorten wird übrigens immer gearbeitet.

Adresse Hofcafé Zum alten Gustav, Thingstraße 2, 31167 Bockenem-Hary, Tel. 05067/249103, www.zum-alten-gustav.de | **Anfahrt** von Bockenem kommend zweite Straße rechts abbiegen, gleich wieder links in Thingstraße | **Öffnungszeiten** in der Hauptsaison Mi–So und Feiertage 14–18 Uhr, in der Vor- und Nebensaison abweichend | **Tipp** In Bültum steht eine der ältesten Kirchen des Ambergaus, die dem heiligen Martin geweiht ist. Bei Renovierungsarbeiten fand man hinter der Orgel ein seltsames Relief, das einen Mann zeigt, der in einem runden Behälter steht und möglicherweise betet. Es könnte sich um einen heidnischen Gott handeln oder um den heiligen Vitus.

31 Der Dillsgraben

Spukgeschichten inbegriffen

Selbst in Königsdahlum, einem Stadtteil von Bockenem, konnten manche Bewohner nicht helfen und schickten die Autoren auf Irrwege. Es gibt kein Hinweisschild und keinen Wegweiser, der zu diesem Ort führt. Dann endlich wusste jemand Bescheid. Und wir fanden eine Art Schloss. Bei den Gebäuden handelt es sich um die sogenannte Dillsburg, die um 1888 erbaute Villa des Bockenemer Turmuhrenbauers Johann Friedrich Weule (siehe Ort 29). Dass Besichtigungsgäste nicht erwünscht sind, machen einige wild kläffende Hunde klar. Durch die Bewaldung sieht man auch nicht viel von der Dillsburg. Doch das Ziel ist ja eine »seltene geomorphologische Einzelerscheinung«, so die Verordnung zur Sicherung des Naturdenkmals Dillsgraben. Dieser Graben ist ein kreisrundes, mit Wasser gefülltes Loch von etwa 140 Metern Durchmesser. Zum Baden ist der See nicht geeignet, denn die Wände des Trichters fallen steil ab. Der See ist um die 60 Meter tief. Schwimmen ist verboten, es ist zu gefährlich.

Früher, so eine ältere Dame, sollen ein paar Kinder ertrunken sein. Deswegen haben die Erwachsenen Spukgeschichten erzählt, damit die Kinder dem See fernblieben. Ritter Dill, ein frevlerischer Ritter, sei an dieser Stelle mitsamt seiner Burg versunken, weil er am Christabend lieber jagte, als zur Mette zu gehen. Doch sein Geist, der treibe weiterhin sein Unwesen, heißt es.

Ein paar Stufen führen an einer Stelle bis zum Wasser hinab. Zwei Bänke laden zum Verweilen ein.

Um nun das Rätsel des Dillgrabens und des Sees zu lösen: Es handelt sich dabei um den größten niedersächsischen Erdfall. Vor etwa 1.000 Jahren entstand er durch Auswaschung und Auslaugung von Gipsgesteinen im Muschelkalk. Das muss ziemlich angsteinflößend gewesen sein, als die Erde absank. Ob tatsächlich die Burg des Ritters auf dem Grund des Dillsgraben liegt, mag sich gern jeder selbst ausmalen.

Adresse Zum Dillsgraben 4, 31167 Bockenem-Königsdahlum | Anfahrt Königsdahlum in Richtung Bockenem verlassen, direkt nach dem Ortsausgang links abbiegen nach Hary, Gebäude nach etwa einem Drittel der Strecke erreicht, Parkmöglichkeiten bei der Dillsburg, Zugang rechts der Infotafel nach circa 200 Metern Fußweg | Tipp Auf einem Spaziergang durch Königsdahlum gibt es viel zu entdecken. Der Ort ist einer der ältesten des Ambergaus. Dazu gehören der alte Bahnhof (Kaiserpfalz 13), die alte Mühle (Kaiserpfalz 15) und der Königshof (Knickweg 3).

32 Das virtuelle Hanomag-Museum

Der Sound alter Motoren

Störy? Da war doch was. Ja richtig! Da gab es mal dieses tolle, privat betriebene und weltweit größte Kleinwagenmuseum, welches wegen behördlicher Auflagen 2004 geschlossen werden musste. Längst sind die meisten Exponate nach Einbeck in den PS-Speicher abgewandert. Aber da ist noch was in Störy. Direkt neben dem alten Museum steht eine unscheinbare Halle in Holzbauweise, die in ihrem Inneren ein paar Geheimnisse birgt. Horst-Dieter Görg und ein paar Mitstreiter haben einen gemeinnützigen Verein, das Technik-Forum, gegründet, der sich um den Erhalt und die Restaurierung alter Fahrzeuge kümmert. »Am besten vom Typ Hanomag«, sagt Herr Görg. Ihm ist zu glauben, denn in der Halle stehen einige Hanomag herum, aber auch andere Schätze wie ein batteriebetriebenes HAWA EM3 aus dem Jahr 1922. Es wurde für die Stadt Braunschweig restauriert.

Von Hobbybastlern kann allerdings kaum die Rede sein, denn aus der ganzen Welt werden Oldtimer nach Störy geschickt, damit sie wieder in neuem Glanz erstrahlen. So auch jede Menge Kommissbrote, Hanomag Typ 2/10 PS, die wegen ihrer Form den etwas seltsamen Namen verpasst bekommen haben. Sie sehen tatsächlich eher wie ein Brotaufbewahrungsbehälter aus. Aber auch eine Dampfmaschine wie die 1922 gebaute Angelika, die den Namen der Ehegattin des einstigen Betreibers des aufgelösten Technikmuseums in Stade trägt, wurde wieder instand gesetzt.

Der Verein betreibt das virtuelle Hanomag-Museum, aber in Planung ist auch fassbare Unterhaltung, so Ausflugsfahrten mit einem alten Hanomag-Feuerwehrauto oder im historischen VW-Bus. Wer sich die Oldtimer gern hautnah ansehen möchte, kann sich an den Verein wenden und einen Besuchstermin ausmachen. Dienstags ist Schraubertag, da kann man auch mal so vorbeikommen und staunen.

Adresse Museumsweg 30, 31167 Brockenem-Störy, www.hanomag-museum.de | Anfahrt von der Karl-Peters-Straße in Museumsweg abbiegen, nach 60 Metern wieder links abbiegen, Ziel nach 240 Metern auf der linken Seite | Öffnungszeiten nach Vereinbarung, gern auch Gruppen | Tipp Grillen auf dem Grill? Es geht auch anders. Carsten Bode betreibt in Hary eine Lagerfeuer-Kochschule. Es gibt einen Grundkurs, einen Aufbaukurs, und wer eine ganze Sau zum Pulled Pork werden lassen möchte, der ist im dreitägigen Meisterkurs gut aufgehoben (www.carstenbothe.de).

33 Die Dicke Linde

Wenn Bäume erzählen könnten

Nüchtern betrachtet handelt es sich bei der Upstedter Linde um einen biologischen Organismus, der manchmal auch nur Biomasse genannt wird. Und dieser Baum ist schon sehr alt. Wer jetzt bei der Bezeichnung 1.000-jährige Linde abwinkt und meint, solche Namen seien Schall und Rauch, dem sei gesagt, dass der Baum bereits im Jahr 1100 urkundlich erwähnt wurde. Damit zählt die Linde zu den ältesten Bäumen Deutschlands. Groß und mächtig, überragt sie den Bockenemer Stadtteil Upstedt. Allerdings sieht man ihr das Alter auch an.

Was sie wohl erzählen würde, wenn sie könnte? Vielleicht von uralten Zeiten, als sich die Menschen unter ihr auf dem Thie, dem Versammlungsplatz, getroffen haben, um wichtige Entscheidungen zu treffen? Oder davon, wie das Dorf während der Hildesheimer Stiftsfehde niedergebrannt wurde? Von den Festen, die unter ihr gefeiert wurden, oder den Trauerfeiern? Wahrscheinlich würde sie auch erwähnen, dass sie im Jahr 1908 fast ein Raub der Flammen geworden wäre, als spielende Kinder in ihrem hohlen Stamm ein Feuer entzündeten. Oder sie würde von einem Sturm 1973 berichten, bei dem sie einen Großteil ihrer Äste verlor. Sicher war es auch ein seltsames Erlebnis, als ein Reisebus eine Gruppe japanischer Baumfotografen vorbeibrachte. Ihr ist es sicher egal, wo ihre Bewunderer herkommen.

1.000 Jahre, vielleicht ein paar mehr oder weniger. Der Baum hat viel durchgemacht, Freude und Leid. Möge er in 1.000 Jahren immer noch über das schöne Örtchen Upstedt wachen!

Wahrscheinlich handelt es sich bei dem Baum um eine sogenannte Marien-Linde. So nannte man Linden, die bei der Einführung des Christentums in unserer Gegend gepflanzt wurden.

Es ist schade, dass die Linde unsere Sprache nicht beherrscht. Aber eigentlich stimmt das gar nicht. Wenn man sie lange genug betrachtet und genau zuhört, dann hat sie sehr viel zu erzählen. Die »Dicke Linde« aus Upstedt.

Adresse Unter der Linde, 31167 Brockenem-Upstedt | Anfahrt von Nette aus in die Straße Zur Linde und direkt zum Naturdenkmal | Tipp Upstedt belegte 1999 den dritten Platz im Wettbewerb »Unser Dorf soll schöner werden«. Nach dem Besuch der Linde lohnt sich deshalb auch ein Dorfspaziergang.

34 Das Despetal

Über eine Moräne nach Eitzum

Eines der schönsten Gebiete im Kreis ist das Despetal zwischen Barfelde und Sibbesse. Eigentlich wird damit keine Landschaft bezeichnet, sondern der Zusammenschluss dreier Gemeinden: Nienstedt, Eitzum und Barfelde. Aber so genau muss man das nicht nehmen, der namensgebende Bach Despe fließt schließlich durch das Tal und mündet bei Gronau in die Leine.

Die Gegend kann auf vielfältige Weise erkundet werden, am besten bei einer Fahrradtour oder zu Fuß. Von Sibbesse aus geht es nach Eberholzen, Heinum und Wallenstedt, um dort den Brunotteschen Hof zu besichtigen oder die ehemals zum Kloster Escherde gehörende Wassermühle etwa einen Kilometer südöstlich des Ortes. Danach fährt man weiter nach Gronau und erfrischt sich mit einem leckeren Eis bei Da Ros in der Hauptstraße. Anschließend führt der Weg über Barfelde zurück nach Sibbesse.

Ein schöner Wanderweg beginnt am unteren Ende der Nienstedter Bergstraße. An pittoresken Fachwerkhäusern entlang windet sich die steile Straße bis hinauf zur sehenswerten neogotischen St.-Andreas-Kirche. Zur Rechten führt ein geteerter Feldweg ins Nachbardorf Eitzum. Die Gegend ist eine Ebene, flach ist sie dennoch nicht.

Das Despetal wird auf der nördlichen Seite vom Hildesheimer Wald, im Süden von den Sieben Bergen eingegrenzt. Durchzogen wird es von vielen Moränen, die sich in der Kreidezeit gebildet haben. Auf einer solchen Moräne ist auch der Weg angelegt, sodass man einen erhabenen Ausblick genießen kann. Weitere Moränen, die sich wie erstarrte Riesenwellen durch die Landschaft pflügen, ziehen sich lang gestreckt durch das meist landwirtschaftlich genutzte Gelände mit Weidewiesen und Feldern. Manche höher, einige niedriger. An ein paar Stellen blickt man gleich über drei Moränen hinweg. Das Moränenfeld zieht sich übrigens bis nach Winzenburg und prägt erheblich und sichtbar die Landschaft des südlichen Landkreises.

Adresse Nienstädter Bergstraße, 31035 Despetal-Nienstedt | ÖPNV ab ZOB Linie 44 bis Haltestelle Möllensen, Linie 661 (Rufbus, Fahrtwunsch bis 60 Minuten vor Abfahrt unter Tel. 05121/76420 anmelden) | Tipp Wenn Sie schon immer mal Ihren Lachs an der Leine ausführen wollten, sind Sie im Lachszentrum in Gronau richtig (Burgstraße 25, www.leine-lachs.de).

35__Die Schwarze Heide

Vergesst die Lüneburger Heide!

Wenn man das Foto zu diesem Kapitel betrachtet, dann wähnt man sich in der Lüneburger Heide. Es ist allerdings die Schwarze Heide bei Barienrode, die Lüneburger Heide liegt ja nicht im Hildesheimer Land. Alles hier ist ein wenig kleiner, denn es handelt sich um eine Fläche von nur 10,7 Hektar. Dafür fehlen dann auch die Pferdekutschen, die die Besucher zu den Attraktionen bringen, und der übliche Rummel. Hier ist ein kurzer Fußmarsch angesagt, der zum Beispiel in der Straße Schwarze Heide am für Fahrzeuge gesperrten Wanderweg beginnt. Auf den ersten 200 bis 300 Metern liegen rechts noch Wohnhäuser, dann wird der Blick auf Hildesheim frei. Und was für einer! Die Hochhäuser Ochtersums ragen wie Segelschiffe nur ein klein wenig aus der hügeligen Landschaft empor, doch die Andreaskirche kann fast in ihrer vollen Pracht betrachtet werden. Im Hildesheimer Wald liegt das Bosch-Werk – und überhaupt: Von hier aus ist die ganze Stadt zu sehen. Schon allein die Aussicht ist es wert, diesen Ort zu erwandern. Unbedingt erwähnt sei, dass es sich um ein äußerst schützenswertes Naturschutzgebiet handelt, Hunde sind deshalb zwingend anzuleinen.

Am Ende des Weges kann man sich entweder nach rechts oder links wenden. Ich empfehle erst den rechten Feldweg Richtung Friedhof zu nehmen, denn so hat man noch einmal einen imposanten Ausblick auf die Stadt. Dann geht es zurück, mitten in die Heide hinein. Sie entstand übrigens dadurch, dass die Fläche früher hauptsächlich zum Hüten von Schafen genutzt wurde. Besenheide (Calluna vulgaris), Magerrasen, seltene Rosen und Orchideen laden je nach Jahreszeit zum Verweilen ein. An den Rändern der Heideflächen stehen in kleinen Gruppen Birken und Eichen. Für diejenigen, die es nicht wissen: Die Heide blüht von Anfang August bis etwa Mitte September.

Warum also in die Lüneburger Heide fahren, wenn wir die Schwarze Heide vor der Haustür haben?

Adresse Eichstraße (am Friedhof), 31199 Diekholzen-Barienrode | ÖPNV ab ZOB Linie 5/43 bis Haltestelle Barienrode Hopfengarten, kurz nach der Haltestelle in die Wilhelm-Busch-Straße links abbiegen, dann links in die Gerhard-Hauptmann-Straße und wieder links in den Ahornweg, am Klagesberg erneut abzweigen und geradeaus bis zur Schwarzen Heide weitergehen | Tipp Hinter dem Sportplatz von Diekholzen führt ein Fuß- beziehungsweise Mountainbike-Weg über den Roten Berg bis nach Petze. Er ist nicht allzu steil und gut begehbar. Zu Fuß braucht man etwa eine Stunde.

36 Der Tosmarberg

Ein Berg für Gipfelstürmer

Groß und mächtig. Schicksalsträchtig. Um seinen Gipfel jagen Nebelschwaden. Das ist das dramatische Intro von »Der Berg«. Ein Song auf dem Konzeptalbum »Der Watzmann ruft!« des österreichischen Rockmusikers Wolfgang Ambros. Wer das Konzept-Album kennt, weiß, dass die Geschichte tödlich endet. Doch keine Sorge, diese Wanderung ist zwar anstrengend, aber eher ungefährlich. Dennoch ist der Gipfel des Tosmarberges bei schlechtem Wetter von Nebelschwaden umgeben.

Ganze 329,8 Meter ragt er mit dem Steinberg in die Höhe, und auf seinem Gipfel befindet sich das, was auf jedem vernünftigen Berg stehen muss und ohne das ein Berg kein Berg ist: ein Gipfelkreuz. Eine Bergsteigerausrüstung ist genauso unnötig wie ein Jodeldiplom, um den Tosmarberg zu bezwingen, etwas Kondition braucht man schon, denn der Weg zum Gipfel führt zum Beispiel vom Söhrer Forsthaus über 2,5 Kilometer steil bergauf, der Rückweg dafür ausschließlich bergab. Er ist geschottert und bis kurz vor dem Gipfel sogar kinderwagengeeignet. Die letzten 100 Meter geht es über einen Waldpfad hinauf. Mountainbiker lieben den Weg, es sind fast mehr von ihnen unterwegs als Fußgänger. In diesen Kreisen wird die Auffahrt als mittelschwer beschrieben, da die Anstiege teils knackig sind.

Auf dem Gipfel stand einst ein Aussichtsturm, der 1900 vom Hildesheimer Harzverein erbaut wurde. 40 Jahre später stürzte er bei einem Orkan ein. Die Fundamente sind erhalten geblieben. Das Gipfelkreuz gibt es seit 2010. Ein Gästebuch lädt ein, sich zu verewigen.

Der Blick vom Gipfel reicht dank Baumrückschnitt bis weit über Mehrum hinweg, bis dorthin, wo das Peiner auf das Hannoversche Land trifft. Der Name geht auf die im Mittelalter entstandene Siedlung Tossum, heute eine Wüstung, zurück. Und eine große Bitte haben die Autoren auch: Jodeln Sie nicht ins Tal hinunter, selbst wenn Sie ein Jodeldiplom besitzen.

Adresse Söhrer Forsthaus, Forststraße 13, 31199 Diekholzen-Söhre | ÖPNV ab ZOB Linie 5/43 bis Haltestelle Söhre/Diekholzener Straße | Anfahrt vom Söhrer Forsthaus linken Weg in den Wald nehmen, dem Zeichen mit dem »weißen Kreuz« auf lila Grund bis zu einer Schutzhütte folgen, dort auf Pfad nach links abbiegen und weiter bis zum Gipfelkreuz | Tipp Sehr gut kann man nach der Wanderung im Söhrer Forsthaus einkehren. Obwohl der Name eher auf deftige deutsche Küche hindeutet, bekommt man hier gehobene Qualität und ein geschmackvolles Ambiente geboten. Zudem ist die Sicht über das Tal ein Genuss.

37__Das Töpfermuseum

Töpfern? Oh, wie langweilig!

Willkommen im Pottland. Was das ist? Das Pottland ist eine Region zwischen Leine und Weser, in der ausgezeichnete Tonerden vorkommen, die sich für die Produktion von hochwertigem Steinzeug eignen. Zum Beispiel kann man daraus Pötte (niederdeutsch für Töpfe) herstellen. Und genau die wurden hier ab dem Mittelalter bis ins ausgehende 19. Jahrhundert getöpfert. Natürlich nicht nur Pötte, im Grunde genommen wurde der Ton für die Herstellung von vielen Haushaltsgegenständen, Spielzeug oder auch Schreibutensilien verwendet. Zu Beginn des 20. Jahrhunderts wurde die Produktion dann mehr und mehr durch Industrieware ersetzt. Töpfern wurde zum Hobby.

Einer der Orte, die zum Pottland gehören, ist Duingen. Wissen Sie, wie viele Töpfereien es zum Beispiel im Jahr 1782 in diesem Dorf gab? Die Einwohnerzahl lag vermutlich zwischen 800 und 900 Menschen. Ehe das Rätsel gelöst wird, darf Folgendes nicht unerwähnt bleiben: Die Waren aus dem Pottland waren in der halben Welt beliebt. Viel Steinzeug wurde in das Baltikum oder nach England exportiert und sogar nach Amerika. Natürlich gab es auch eine enorme Nachfrage im römisch-deutschen Reich. Deshalb gab es in Duingen die unglaubliche Anzahl von 40 Töpferbetrieben.

Von alldem und noch vielem mehr berichtet das Töpfermuseum in Duingen. Und das keineswegs auf langweilige Art. Die wertvollsten Exponate sind reich verzierte Gebrauchsgegenstände aus der Renaissance und zwei Aquamanilen, in Tierform gestaltete Gefäße zur Handwaschung aus dem 13. oder 14. Jahrhundert. Sie wurden zu liturgischen Zwecken oder vor dem Essen benutzt. Besuchen Sie einfach mal den Flecken und das Museum! Frau Wolfsberger und ihr Team erklären Ihnen die Sammlung gern.

Im Nachbarort Coppengrave steht übrigens ein ehemals funktionstüchtiger Nachbau eines mittelalterlichen Brennofens. Sie finden ihn direkt unterhalb der Gaststätte.

Adresse Töpferstraße 8, 31089 Duingen, www. toepfermuseum-duingen.de | Anfahrt Museum in der Ortsmitte in einem ehemaligen Gasthof | Öffnungszeiten Mi, So 15–17 Uhr; Eintritt frei; Führungen nach Vereinbarung unter Tel. 05182/51231 oder 0170/7069219 | Tipp 13 Kilometer südlich von Duingen liegt Grünenplan (Landkreis Holzminden). Der Ort ist als Glasmacherort bekannt. Mit dem Erich-Mäder-Glasmuseum und dem dazugehörigen Glasmacherhaus kann man zwei Glasmuseen besichtigen.

38 Der Leineberglandbalkon

Über den Sieben Bergen

Vom alten Forsthaus Ahe bei Lübbrechtsen weist ein Schild auf den Leineberglandbalkon hin. Vom Parkplatz sind es 2,5 Kilometer bis zum Ziel. Etwas befremdlich wirken die Geräusche, die durch den Wald hallen, dann stellen sie sich als Begleiterscheinungen von Steinbrucharbeiten heraus. Direkt neben dem Balkon befindet sich nämlich der Eingang zu einem lang gezogenen Steinbruch. Dort ist auch eine Tafel mit all den Ausblicken, die sich einem vom Balkon aus bieten, angebracht.

Das ist jedoch nicht der einzige Weg, der hinaufführt. Über den Ith-Hils-Weg und über den Pottlandweg ist der Balkon ebenfalls zu erreichen. Er lohnt, denn die Aussicht ist bei klarem Wetter phantastisch. Zur Linken reicht sie bis nach Hannover, das 40 Kilometer entfernt ist. Zur Rechten kann man den Schornstein der Papierfabrik Sappi in Alfeld erkennen, und darüber erhebt sich der Brocken. Luftlinie 64 Kilometer. Angeblich soll man sogar die Brockenbahn sehen, wenn sie zum Gipfel hinaufschnauft. Aber das mag jüngeren Menschen mit besseren Augen vorbehalten sein. Dennoch gibt es viel zu entdecken: die hügelige Landschaft, die nach Norden hin immer mehr zum Flachland wird, Schloss Marienburg, das sich in weiter Ferne erhebt, oder die Sieben Berge, die direkt gegenüber einem lang gestreckten Tal wie ein grüner Fuß mit sieben Zehen aufragen. Der Leineberglandbalkon liegt auf 308 Metern Höhe, und so steht man fast auf Augenhöhe, denn die Sieben Berge erreichen an der höchsten Stelle 395 Meter. Die haben im Übrigen nichts mit Schneewittchen von den Gebrüdern Grimm zu tun, auch wenn hier in der Gegend Glas gefertigt wurde und noch immer wird und es in früheren Zeiten Kohleminen gab.

Der Leineberglandbalkon auf dem Duinger Berg ist eine Schutzhütte mit einem angebauten Balkon, die im Oktober 2016 eröffnet wurde. Tische und Bänke laden darin zu einem Picknick ein. Warum nicht also das Nützliche mit dem Praktischen verbinden?

Adresse Forsthaus Ahe, Lübbrechtser Straße, 31093 Duingen-Lübbrechtsen | Anfahrt ausgeschilderter Wanderparkplatz an der Straße zwischen Marienhagen und Lübbrechtsen | Tipp Die Duinger Teiche bestehen aus vier durch Wanderwege verbundenen, im Wald liegenden Seen. Im Humboldtsee und im Bruchsee kann man baden. Der Humboldtsee gehört zu einer Campinganlage, der Bruchsee bietet Liegeplätze unter Bäumen und einen Kiosk.

39 Die Apenteichquellen

Das Flintbeil und die Bilder

Menschen, die von leichten oder schweren Krankheiten geplagt werden, bemühen sich oft verzweifelt um Hilfe. Manche konsultieren Ärzte, andere suchen Heilung in der Natur. In Lourdes gibt es eine berühmte Quelle, deren Wasser heilende Kräfte haben soll. Die Leute baden darin, sie trinken es, und der eine oder andere hofft darauf, dass ihm die Heilige Jungfrau Maria erscheint. Daran kann man glauben oder nicht. Auch im Hildesheimer Land gibt es eine solche, jedoch nicht ganz so bekannte Quelle, an der allerdings keine Marienerscheinungen stattfinden.

Es sind die Apenteichquellen unterhalb der Burgruine Winzenburg. Sie können als Quellenheiligtum bezeichnet werden, denn bei archäologischen Erdarbeiten wurden Opfergaben aus der Steinzeit und Bronzezeit gefunden. Die ältesten Stücke, ein Flintbeil und eine Steinaxt, werden auf ein Alter von 5.000 Jahre datiert. Etwas jünger sind die Reste von Bronzeringen, eine Fibel und eine Bronzeschmucknadel.

Erst Karl der Große machte im 9. Jahrhundert den Opferungen an Quellen ein Ende, als er sie bei Todesstrafe verbieten ließ. Schließlich wollte er das Sachsenland christianisieren. Doch auch heute dient der aus Bruchsteinen gemauerte Ausfluss manchen Menschen als eine Art Altar. Hinterlassen werden Bilder, Kerzen oder Früchte. Es gibt also doch Besucher, die glauben, dass das Wasser heilende Kräfte besitzt. Zumindest erfreut es sich einer sehr großen Beliebtheit, denn ständig kommen Leute mit Wasserkisten oder anderen Behältern, die sich das Wasser abzapfen. Die Gemeinde Freden nutzt sie ebenfalls für ihre Wasserversorgung.

Das Wasser der Apenteichquellen wird zur Zucht von Forellen und Karpfen verwendet. In der nahe gelegenen Fischerhütte Winzenburg können diese dann entweder im Restaurant genossen, als Frischfisch oder geräuchert gekauft werden. Für Angler gibt es hier einen Teich.

Adresse Zum Apenteich, 31088 Freden-Winzenburg | Anfahrt Parkplatz an der Grillhütte, von dort Weg in den Wald zu den Quellen | Tipp In der »Fischerhütte« Am Gehrkamp 1 isst man lecker und frisch Lachsforellen, Regenbogenforellen oder Karpfen aus eigener Zucht.

40 Der Haseder Busch

Im schönsten Auwald Niedersachsens

Es gibt Menschen, die bezeichnen den Haseder Busch als den schönsten Auenwald Niedersachsens, doch der Reihe nach. Zwischen Hildesheim und Hasede gelegen, schlängelt sich die Innerste durch ein etwa 50 Hektar großes Waldgebiet, das im Frühjahr zu einem einmaligen Naturerlebnis wird. Nämlich dann, wenn sich der mit welkem Laub bedeckte Boden lila-weiß färbt. Dafür sorgen die weiß blühenden Buschwindröschen sowie der Hohle Lerchensporn, der hier auch lila blüht. Dazwischen die gelben Tupfer des Scharbockskrauts oder der Hohen Schlüsselblume. Sehr selten und mit der Christrose verwandt ist die grün blühende Grüne Nieswurz. Besondere Akzente setzen insbesondere am Flussufer die Rote Pestwurz, der man in alten Zeiten nachsagte, dass sie gegen die Pest helfen soll. Dieser naturnahe Wald weist einen außergewöhnlichen Reichtum an Frühjahrsblühern auf.

Die etwas größeren Pflanzen sind Stieleichen, Hainbuchen und Rotbuchen. Im südöstlichen Teil des Naturschutzgebietes wachsen Erlen und Eschen, das Sumpfgebiet darf jedoch keinesfalls betreten werden. Dort befinden sich ein Altarm der Innerste und mehrere angelegte Weiher. Es gibt auch viel Totholz im Wald, ein Paradies für Pilze, Insekten, Moose und Fotografen. Mehrere Wege führen durch den Wald, direkt am Fußballplatz vorbei in den Busch hinein. Einer bietet einen Abzweig Richtung Große Mühle der Gebrüder Engelke. Der zweite Weg führt an den Sportplätzen vorbei und dann links in ein artenreiches, feuchtes Grünland. Und wenn der Niedersächsische Landesbetrieb für Wasserwirtschaft, Küsten- und Naturschutz (NLWKN) schreibt, dass das seit 1974 bestehende Naturschutzgebiet dem Schutz eines überregional bedeutenden Hartholzauwaldes dient, dann kann der Besucher ruhigen Gewissens davon sprechen, dass der Haseder Busch der schönste Auwald Niedersachsens ist. Die Wege dürfen allerdings nicht verlassen werden!

Adresse Lendertberg 9, 31180 Giesen | ÖPNV ab ZOB Linie 21 bis Haltestelle Hasede | Anfahrt über die Straße Lendertberg in Hasede über eine Brücke zum Haseder Busch, Parkplätze am Sportplatz | Tipp Wer von Natur immer noch nicht genug hat, der sollte den Gallberg besuchen. An der Straße Klusburg findet sich eine Infotafel, die über das Gebiet informiert. Unbedingt eine Kamera mitnehmen, der Ausblick auf Stadt und Land ist atemberaubend.

41_Die Hügelgräber

Die stummen Zeugen unserer Vergangenheit

Eines war, ist und wird stets sicher sein: Der Sensenmann gewinnt. Immer. Kein Mensch lebt ewig. Seit Jahrtausenden werden die Verstorbenen auf die ein oder andere Weise bestattet. Sei es in einem Sarg, auf hoher See oder im Feuer.

Vor gut 3.500 Jahren lebten die Menschen in der Bronzezeit. Das wussten sie natürlich nicht, denn der Begriff wurde erst in der sogenannten Moderne geschaffen. Christian Jürgensen Thomsen, ein dänischer Altertumsforscher, entwickelte um 1836 das Dreiperiodensystem, in dem er Waffenfunde und Gebrauchsgegenstände nach Stein, Bronze und Eisen gliederte. Diese Gliederung nach Steinzeit, Bronzezeit und Eisenzeit ist heute weitgehend für den europäischen Raum gültig.

Die Gegend um Hildesheim ist schon lange besiedelt. Es gibt etliche Funde aus vielen Epochen. Im Giesener Wald sind es 43 Hügelgräber, die noch sehr gut erhalten sind. Sie sind in der Zeit um 1600 bis 1200 vor Christi angelegt worden und lassen darauf schließen, dass es in der Nähe eine Siedlung der mittleren Bronzezeit gegeben haben muss. Die Menschen bestatteten ihre Toten in Totenbäumen, auch Baumsärge genannt. Dazu spalteten sie Stämme längs, höhlten sie aus und legten die Leichen hinein. Diese wurden dann begraben, und es entstanden Hügel, die mit einem Steinkranz oder einem Graben als Totenbezirk gekennzeichnet wurden.

Heute mag man sich an einen Baum lehnen, die Gräber betrachten oder mit geschlossenen Augen darüber nachdenken, wie die Menschen damals wohl gelebt haben. Wie oder warum sie gestorben sind. Schon ein entzündeter Zahn oder ein gebrochenes Bein konnte die Ursache für den Tod sein. Im Kindbett starben viele Frauen, die Sterblichkeit der Kinder betrug bis zu 40 Prozent. Die durchschnittliche Lebenserwartung lag bei 40 bis 50 Jahren. Allerdings litten die Menschen damals weniger an Infektionen und Krankheiten, wie Forscher herausgefunden haben.

Adresse Am Waldstadion, 31180 Giesen | ÖPNV ab ZOB Linie 21 bis Haltestelle Giesen | Anfahrt Parkplatz am Fußballplatz, Weg in den Wald folgen, kleinen Fußpfad rechts nehmen, nach circa 200 Metern Infotafel zum Gräberfeld auf der rechten Seite | Tipp Die Giesener Teiche sind idyllisch gelegen und bieten sich für einen Ausflug an, egal, ob zu Fuß oder mit dem Fahrrad.

42 Das Kalibergwerk

Der Kalimandscharo

Man kann sie schon als eine Art Wahrzeichen des nördlichen Hildesheimer Landes bezeichnen. Denn dort, wo das Bergland in die flache Landschaft übergeht, die sich bis zur Nordsee fortsetzt, da ragt sie schneeweiß und weithin sichtbar in die Höhe. Die Rede ist von der Abraumhalde Wetterberg. Der Name ist jetzt nicht ganz so toll geraten, weshalb sie im Volksmund eher »Kalimandscharo« oder »Monte Kali« genannt wird. In Deutschland gibt es neun dieser künstlichen Berge, zwei davon in der Nähe Hildesheims. Einer wurde im Landkreis Hannover aufgeschüttet, bei Sehnde, der andere ragt wie ein weißer Abfahrtsskiberg bei Giesen in die Höhe. Und das immerhin 70 Meter. Man kann absolut nichts mit ihm anstellen, er eignet sich nicht zum Rodeln oder Skifahren, auch nicht zum Gipfelstürmen, er steht einfach nur hässlich und unnütz in der Gegend herum. Schlimmer jedoch ist die Gefahr, die von ihm ausgeht, für die Umwelt. Denn das Kalisalz wird bei Regen ausgewaschen und belastet die Böden, das Grundwasser und das Oberflächenwasser der Umgebung. Dazu kommen noch ein paar Schwermetalle, die der Gesundheit auch nicht unbedingt zuträglich sind. Und noch etwas schlimmer erscheint es, dass die K+S AG die Wiedereröffnung des Kalibergwerks plant und damit ein zweites Monstrum von Abraumhalde.

Aber wie sagt man so schön? Nicht der Verstand regiert die Welt, es ist das Geld. Die Aktionäre müssen befriedigt werden, und die Vorstände. Die Anwohner? Die sind in diesem Fall nicht einmal drittrangig.

Aber halt: Er ist doch zu etwas nützlich, denn die Anwohner nutzen den Kaliberg als Wetterstation. Strahlt er in hellem Weiß, wird das Wetter sonnig, verhüllt er sich in tristem Grau, dann ist Regen angesagt. Es gibt Orte im Hildesheimer Land, die ziemlich hässlich sind. Der Kalimandscharo gehört dazu. Wer es gruselig mag, der sollte die Schachtstraße besuchen und bis zum Spielplatz fahren.

Adresse Kaliwerk Siegfried, Schachtstraße, 31180 Giesen | Anfahrt in Giesen-Siegfried Stichstraße direkt zur Abraumhalte | Öffnungszeiten nur von außen zu besichtigen | Tipp In der Giesener Straße 2 in Sarstedt findet sich die beliebte Pizzeria Taverne Rimini.

43__Der Lockstedter

Das schärfste Feuerwasser Deutschlands

Wenn es um Magenbitter geht, ist die Alkohol trinkende Menschheit gespalten. Manche lieben ihn, andere bereuen schon beim ersten Versuch, so etwas zur Brust genommen zu haben. Die Firma Friedrich Jaster stellt seit 1896 einen Magenbitter her, der der schärfste seiner Art ist: den Original Jaster Lockstedter. Möglicherweise ist er sogar das schärfste Getränk, das in Deutschland angeboten wird. Wer das für übertrieben hält, kann ja mal einen Schluck Tabasco zu sich nehmen. Damit dürfte der Lockstedter zu vergleichen sein. Doch keine Chilischoten verleihen dem Getränk die Schärfe, das besorgen die Hauptzutat Ingwer und verschiedene Kräuter. Natürlich ist das genaue Rezept geheim.

Erfunden wurde der Schnaps von Alfred Jaster und Heinrich Reising. Ursprünglich war das Ziel, Kantinenessen verträglicher und verdaubarer zu machen. Reising hatte seinen Militärdienst in Holstein absolviert. Dabei musste er auch auf dem Truppenübungsplatz Lockstedter Lager exerzieren. Diesen Namen hat er nach Gronau mitgebracht. Und auch der Name Reising ist seitdem eine Konstante, denn Urenkel Gerd Reising ist heute der Inhaber. Und der erzählt, dass sein Magenbitter die Nation spaltet. »Es gibt Fans, die begeistert sind, und Leute, die uns bitterböse Briefe schreiben und uns manchmal mit Anzeigen wegen Körperverletzung drohen.« Verehrer aus ganz Europa bestellen den Bitter für ihre Gaststätten oder Vereine. Manche Restaurants bestellen die Flaschen auch unter ihrem eigenen Label.

Der »Jasters Original Gronauer Lockstedter« ist nicht das einzige alkoholhaltige Getränk, das hergestellt wird. Neben Likören und Klaren wird auch die Kräuterspirituose Popocatepetl angeboten, eine Spirituose, die 62 Prozent stark ist. Warum die so heißt wie der aktive Vulkan vor den Toren Mexiko Citys? Nun, finden Sie es selbst heraus! Nach Anmeldung kann die Fabrik übrigens besichtigt werden.

Adresse Hauptstraße 23, 31028 Gronau | ÖPNV ab ZOB Linie 51 bis Haltestelle Gronau Markt | Öffnungszeiten Mo, Di, Do 8–17 Uhr, Mi, Fr 8–14 Uhr | Tipp In der Hauptstraße 1 in Barfelde steht ein Bauernhof, der auch Geflügel züchtet. Gegen Vorbestellung kann man zum Beispiel zu Weihnachten die Gänse erwerben, die man fast das ganze Jahr über auf der Weide beobachten kann.

44 Der Brunottesche Hof

Ein richtig alter Meierhof

Der Begriff »Meierhof« kommt daher, dass auf dem Gut mindestens einmal ein Meier gelebt hat. Doch damit ist keine Familie dieses nicht gerade seltenen Namens gemeint. Es handelt sich um einen Beruf. Der Meier war der Verwalter eines adligen oder der Kirche gehörenden Gutshofes. In diesem Fall war der Hof Eigentum des Michaelisklosters zu Hildesheim. Und der Meier hieß Brunotte, damit ist der Name geklärt. Die Familie lebt nachweislich seit dem frühen 16. Jahrhundert in Wallenstedt.

Man könnte meinen, dass jeden Augenblick die Wand einstürzt und das Gebäude in sich zusammenfällt. So krumm und schief sind teilweise die Wände dieses alten Gemäuers. Doch keine Angst, der 1594 erbaute Meierhof wurde in den Jahren 2012 bis 2014 von einem Verein aufwendig saniert. Dabei legte man Wert darauf, dass der Hof authentisch blieb. Spätere Einbauten wurden entfernt, und es entstand beispielsweise wieder eine »Schwarze Küche«, also eine historische Herdstelle. Mitten im Gebäude finden sich Stall und Tenne (das ist der Platz, an dem das Getreide mit Dreschflegeln gedroschen wurde), die heute für Veranstaltungen genutzt werden.

An verschiedenen Terminen werden Lesungen und gemeinsame Mittagessen angeboten – »Suppe und Klönschnack« genannt. Dabei muss es nicht zwangsläufig Flüssignahrung geben. Zu diesen offenen Zeiten kann das Haus von innen besichtigt werden. Oder besuchen Sie es bei einem der Dorffrühstücke oder Vorträge. Es besteht auch die Möglichkeit, das Haus für eine Familienfeier oder für einen anderen Zweck zu mieten. Zum Hof gehören auch Brunnen, Streuobstwiese und ein alter Lindenbestand. Beheizt werden kann hingegen nur der Seminarraum.

Und wer sich richtig in das alte Fachwerkhaus verliebt hat, der findet hier eine mit 9,4 von 10 Sternen ausgezeichnete Ferienwohnung und kann sich zumindest befristet als Gutsbesitzer wie in alten Zeiten fühlen.

Adresse Hohle Grund 2, 31039 Gronau-Wallenstedt, www.brunottescher-hof.de | **Anfahrt** von Gronau kommend erste Straße rechts abbiegen, Ziel nach 240 Metern erreicht | **Öffnungszeiten** bei Veranstaltungen, Infos siehe Webseite | **Tipp** Pino Steinofenpizza in der Hauptstraße 51 in Gronau bietet nicht nur große Pizzen an, sondern auch richtig leckere dazu. Der Pizzaofen befindet sich direkt hinter dem Tresen. Da es nur eine Handvoll Tische gibt, sollte man reservieren.

45 Die Buchbinderei Bertram

Der Ort, an dem vieles möglich ist

Haben Sie schon mal an ein Hochzeitsalbum gedacht, das in Design und Stoff auf das Brautkleid abgestimmt ist und in das auch noch die Verlobungsringe eingearbeitet sind? Oder an ein Gästebuch, dessen Einband so gestaltet ist wie der Ort, an dem es ausliegt?

Hier kommt einer der ältesten Handwerksberufe ins Spiel, und Monika Bertram ist Meisterin darin. Sie ist Buchbinderin. »Seit 5.000 Jahren gibt es Buchbinder. Bei den alten Ägyptern wurden sie Glutinatoren genannt, sie klebten einzelne Papyrusblätter zu Schriftrollen zusammen, schnitten die Ränder und stellten Futterale mit Außentiteln her«, erzählt sie. Dann spricht Frau Bertram über ihre Arbeit. »Restaurierungen von Büchern aus dem 16. oder 17. Jahrhundert sind selten, dafür habe ich schon oft Bücher aus dem 20. Jahrhundert wiederhergestellt.« Bei der Mehrzahl der Aufträge handelt es sich um individuell gestaltete Werke, Einzelbände oder Kleinstserien. »Für den Einband bringen mir die Leute zum Beispiel witzige Kissen, wie das mit den Fröschen. Es ist für ein Baby, das heute geboren wurde. Ein Geschenk der Großeltern.« Manche Kunden wünschen sich eine Schnittverzierung aus Gold, die arbeitet sie dann mit Blattgold aus. Eine Kirche aus dem Ruhrgebiet hat ein Evangeliar in Auftrag gegeben, welches die vergangene Symbolik der Region widerspiegeln soll. Stahl und Kohle. Sie hat den Einband mit einem Stahlkreuz verziert und die Schnittkanten mit einem Grafitschnitt. Eine Arbeit hat sie emotional besonders bewegt. Es war das Kondolenzbuch für die Kadettin, die auf der Gorch Fock ums Leben kam. Das Buch hat die Form eines Besansegels. Die Buchdeckel sind mit Segeltuch eingeschlagen, die hinteren Applikationen sind aus einer Planke gearbeitet. Beides stammt vom Segelschulschiff. Wer also ein besonderes Buch, das immer auch ein Unikat ist, sein Eigen nennen will, der ist bei Monika Bertram bestens aufgehoben.

Adresse Konrad-Adenauer-Straße 6, 31177 Harsum, Tel. 05127/909922, www.buchbinderei-bertram.de | ÖPNV ab ZOB Linien 31, 32 und 33 oder S3 ab Hauptbahnhof Hildesheim bis Bahnhof Harsum | Öffnungszeiten Mo–Fr 9–13 Uhr und nach Vereinbarung | Tipp Das Waldgasthaus Zum Kuckuck in der Försterstraße 3 ist so beliebt, dass eine Reservierung empfehlenswert ist. Das Essen ist gut, die Preise sind angemessen, und es gibt einen Biergarten. Sehr beliebt sind auch die Schnitzel-Buffets (kuckuck-harsum.de).

46 Die Hazel Farm SW

Eine tolle Sache

»Man muss der Zukunft doch auch das Positive abgewinnen können«, sagt Anna Knetsch und zeigt um sich. 2.500 Quadratmeter Land, eine Scheune mit Solarpaneelen, zwei Wohnhäuser. »All das gehört meiner Familie und wurde schon ewig nicht mehr genutzt. Nun wollen wir das ändern.« Wir, das schließt die Familie und auch Freunde mit ein. Noch recht jung sind die 220 Rebstöcke. Regent und Cabernet Blanc wachsen hier. »Das wird nach ökologischen Kriterien angebauter Wein, um Bio geht es uns gar nicht. Nachhaltigkeit, Regionalität und Biodiversität, das sind unsere Ziele«, erzählt sie.

Ganz hinten auf dem Gelände stehen die gerade aufgestellten Bienenstöcke. »Manchmal geht es mir mit dem Bio-Siegel zu weit. Jedes Jahr sterben Bienenvölker an der Varroamilbe.« Also wird sie Ameisensäure zum Schutz vor der Milbe einsetzen. »Alles wird bei uns wiederverwendet. Auch der Dünger aus dem Ökoklo.« Dann verweist sie auf die Gemüse- und Kräuterbeete. »Damit versorgen wir das Kafé.« Nächstes Jahr im Sommer will Anna Knetsch in der Scheune das Kafé Fika eröffnen. Fika bezeichnet die schwedische Kaffeekultur. Sie hat selbst zwei Jahre in Schweden gelebt, ehe sie es wieder in die Heimat zurückgezogen hat. Fikakultur, zusammen eine Pause machen, Gebäck naschen. Das will sie nach Asel bringen. Über dem Kafé will sie Räume für Co-Working zur Verfügung stellen. Immer mehr Menschen würden vom Homeoffice krank. Vereinsamung, fehlende Kollegen zum Austausch, fehlende Ablenkung. Das sind nur drei Gründe. Warum sollten die Menschen nicht hier arbeiten? Die Farm soll ebenso ein Ort für Veranstaltungen werden. Die Hazel Farm SW steht noch am Anfang, die Pläne aber, die sind so vielversprechend, dass die Hochschule für angewandte Wissenschaften und Kunst die Farm zu Forschungszwecken begleitet. Aber warum heißt die Farm Hazel SW? Das kommt von »Harsumer Ortsteil Asel mit schicker Südwestlage«.

Adresse Hildesheimer Straße 9, 31177 Harsum-Asel, www.hazel-sw.de | **ÖPNV** ab ZOB Linie 24 bis Haltestelle Asel, oder S 3 ab Hauptbahnhof Hildesheim bis Harsum Morgenstern, dann mit Linie 24 Richtung Hildesheim bis Asel | **Öffnungszeiten** bei Veranstaltungen, Infos siehe Webseite | **Tipp** Beim Schwarzerdeprofil in Asel handelt es sich um eine Grube, in der man den Übergang von Ton aus der Unterkreidezeit zu Löss und schließlich zu Schwarzerde sehen kann – ein begehbares Naturdenkmal.

47 Der Andreasturm

Hoch hinauf, auch wenn es einem den Atem raubt

Was haben der Dom von Florenz Santa Maria del Fiore und die Basilika St. Andreas in Hildesheim gemeinsam? Dieses Rätsel wird am Ende aufgelöst.

114,5 Meter hoch ist der Andreasturm. 364 Treppenstufen führen empor zu den beiden übereinanderliegenden Aussichtsplattformen. Im Eingangsbereich informieren ein paar Fotos über die Wiedererrichtung nach dem Krieg und ein Bauplan über das, was den Besucher erwartet. Dies ist erst einmal eine enge Wendeltreppe mit 130 Stufen, die auf die erste Plattform führt. Hier kommt man möglicherweise mit absteigenden Leuten ins Gespräch, denn ohne Körperkontakt ist eine solche Begegnung kaum möglich.

Der sogenannte Festsaal in 28 Metern Höhe lädt zu einer Verschnaufpause ein. Alles, was hier benötigt wird, wird durch eine Bodenklappe hinauftransportiert. Es dürfte der am höchsten gelegene Veranstaltungssaal der Stadt sein. Das Ziel liegt allerdings noch in weiter Ferne. Es geht über eine Stahltreppe vorbei am Glockenstuhl bis zum alten Uhrwerk. Eine zeitliche Abstimmung ist angeraten, denn der Glockenschlag ist sehr laut. Insbesondere wenn das Mittagsläuten einsetzt. Da das Benutzen des Geländers zu empfehlen ist, hat man seine Hände nicht frei, um sich die Ohren zuzuhalten. Glockenstuhl und Uhrwerk können auf Wunsch gegen je eine Münze beleuchtet werden. Die nächste Treppe führt zum Ziel und damit zum schönsten Panorama der Stadt. In 75 Metern Höhe ist die untere Aussichtsebene erreicht. Sie bietet einen 360-Grad-Rundumblick über die Stadt und weite Teile des Umlands. Aber erst einmal zu Atem kommen.

Und des Rätsels Lösung? Der Dom von Florenz und die Andreaskirche sind exakt gleich hoch und teilen sich in der Rangliste der höchsten christlichen Sakralbauten der Welt Platz 35. Deutschlandweit liegt die Hildesheimer Kirche auf Rang 14, in Niedersachsen reicht kein anderes kirchliches Bauwerk höher in den Himmel.

Adresse Andreasplatz 6, 31134 Hildesheim | ÖPNV ab ZOB Linien 1, 2, 4 bis Haltestelle Bohlweg | Öffnungszeiten Anfang April – Ende Okt. Mo – Fr 11 – 16 Uhr, Sa, So, Feiertage 11 – 17 Uhr; Einzelkarte drei Euro, Familienkarte neun Euro | Tipp Im umgestülpten Zuckerhut (Andreasplatz 29) gibt es ein sehr gutes Kaffee-Röstwerk.

48 Bei St. Georgen

Das hässlichste Gebäude Hildesheims

Etwas schön oder hässlich zu finden ist sicher immer subjektiv. Man kann sich trefflich darüber streiten, welcher Ort in Hildesheim den Titel »hässlichstes Bauwerk der Stadt« verdient. Ist es der neue Anbau des Dommuseums? Ein anderes Gebäude? Oder ist es vielleicht das Parkhaus in der Straße, die den Namen »Bei St. Georgen« trägt?

Was sich von der Osterstraße aus als unschönes Beispiel einer Nachkriegsbetonarchitektur zeigt, ist auf der Rückseite der wahrscheinlich unansehnlichste Klotz der Stadt. Hier befindet sich nämlich die rückwärtige Fassade der Parkgarage. Ehemals weiße, jetzt verschmutzte und beschmierte Platten wechseln sich über vier Stockwerke mit mattem Glas ab, welchem man das Alter genauso ansieht. Dabei ist das Quartier schön anzusehen.

Schlendert man durch die Straße Bei St. Georgen oder durch ihre Nebenstraßen, den Rosenhagen oder die Jakobistraße, wähnt man sich von vielen Vorkriegsgebäuden umgeben. Einige der Häuserblöcke sind mit Reliefs und Erkern verziert und mit Neidköpfen (Böse Mächte und Geister sollen den Menschen nichts neiden!), die Unheil und Böses abwehren. Man könnte meinen, sie sind in der Jugendstilzeit entstanden. Große Tore eröffnen einen Einblick in die Höfe, in denen für die Bewohner Ruheoasen geschaffen wurden. Es gibt Bänke und für die Kinder Spielplätze. Auch Bäume und Büsche wachsen hier. Der Eindruck täuscht, denn das gesamte Stadtviertel wurde 1945 zerstört. Der Wiederaufbau in den Jahren 1950/51 ist hier gelungen.

Dagegen kommt dem Besucher die Rückseite des 1969 nach fünfjähriger Bauzeit errichteten Parkhauses wie eine Beleidigung fürs Auge vor, die nicht ins Bild passen will. Ein Kontrast, der es in sich hat und der den aufmerksamen Betrachter den Kopf schütteln lässt. Immerhin gestattet das oberste frei liegende Parkdeck einen Blick über die Dächer des Quartiers. Eine Entschädigung ist dies jedoch nicht.

Adresse Bei St. Georgen, 31134 Hildesheim | ÖPNV ab ZOB Linien 3, 5/43, 6, 8 bis Haltestelle Ostertor | Tipp Wer sich nach einem Stadtbummel mit gesundem Essen verwöhnen lassen möchte, ist in der vegetarischen Bar Vital in der Osterstraße 18 gut aufgehoben.

49 Die Bischofsmühle

Eine Stadt hat den Blues

Es ist Zeit für einen Blues! Doch ehe jetzt alle Leser depressiv werden, kommt hier die Erklärung: Hildesheim brachte zwei Bands hervor, die in den Olymp der besten Bluesbands aufgestiegen sind. Die Stadt kann sich ohne Bedenken als Blueshochburg bezeichnen, denn es gibt hier noch einige weitere hervorragende Musikgruppen dieses Genres.

1968 von Udo Wolff gegründet, kann »Das Dritte Ohr« auf eine Reihe beachtlicher Meilensteine zurückblicken. »Das Ohr«, wie die Band von den Fans meist genannt wurde, war die erste deutsche Bluesband, die im Ostblock und auf dem amerikanischen Kontinent auftrat. Dabei wurden die eigenen Stücke konsequent in deutscher Sprache aufgenommen und gespielt. Stolz darf »Das Ohr« auf den Titel »ehemals älteste noch existierende Bluesband Deutschlands« sein, denn bis zu ihrer Auflösung vor zehn Jahren trug sie dieses Prädikat (ohne das »ehemals« natürlich).

Würdige Nachfolger waren zu jener Zeit längst gefunden. Mit vielen Auszeichnungen wurden auch B.B. & The Blues Shacks gekürt, unter anderem mit derjenigen, Europas beste Bluesband zu sein. In den 25 Jahren ihres Bestehens gab die Band bisher über 4.000 Konzerte weltweit. Ob in Los Angeles, Moskau, Dubai oder Gaildorf, wenn Michael Arlt seine Stimme ertönen oder die Bluesharp aufjaulen lässt und sein Bruder Andreas in die Saiten haut, hält es niemanden lange auf den Stühlen.

Als Zentrale des Blues kann getrost die Bischofsmühle bezeichnet werden. Das kleine Veranstaltungszentrum des Vereins Cyclus 66 e.V. lockt mit vielen Veranstaltungen wie der Jazztime vor dem Theater zu Pfingsten und einer Menge Blueskonzerten in der Mühle. Und wenn B.B. & The Blues Shacks alljährlich am Heiligabend in die Bischofsmühle einladen, dann nach dem Motto: »Ladies and Gangsters, it's Blues Time!« Dann ist Zeit für einen Blues. Genauer gesagt, für eine wenig besinnliche Bluesweihnachtsnacht.

Adresse Dammstraße 32, 133134 Hildesheim, www.bischofsmuehle.de | ÖPNV ab ZOB Linien 1, 2, 3, 5/43 bis Haltestellen Museum oder Dammtor | Öffnungszeiten nur bei Veranstaltungen, Infos siehe Webseite | Tipp Im Sommer kann man den Kanuten bei ihrem Sport zusehen. Die Bischofsmühle liegt direkt an der Kanustrecke.

50 Der Brockenblick

Vom Brocken nichts zu sehen

Der Galgenberg ist für den Besucher kein ungefährlicher Ort. Dort sollte man an bestimmten Tagen Vorsicht walten lassen. Doch ehe auf die Gefahr eingegangen wird, sei erst einmal beschrieben, was es hier zu sehen gibt. Bei klarer Sicht erkennt man Mitteldeutschlands höchsten Berg, den Brocken. Der ragt im Harz ganze 1.141,2 Meter in die Höhe. Unter diesem Namen ist er jedem bekannt, doch manche Menschen kennen ihn als Blocksberg. So wird er in Verbindung mit dem Hexenwesen genannt.

In der Walpurgisnacht trifft sich auf dem Blocksberg alles, was in der Hexenwelt Rang und Namen hat, um dort eine unheimliche Damenparty zu feiern. Unterwegs sammeln die Teilnehmer Fliegenpilze und – so munkelt man – auch ein paar Jünglinge. Wo findet man solche Partymitbringsel besser als auf dem Galgenberg im Wald? Also Vorsicht! Sie stehen dort direkt in der Einflugschneise. Wer die Walpurgisnacht zeitlich nicht einordnen kann, dem sei gesagt, es ist die Nacht vom 30. April auf den 1. Mai. Dabei sind die Tage davor und danach zu beachten, denn die gelten als An- und Abreisetage für die Hexen.

Für Menschen, die nicht an Zauberei glauben, gibt es auf dem Galgenberg zwei Waldrestaurants. Das LewensLust oberhalb der Rodelbahn konzentriert sich hauptsächlich auf hochpreisige Rindersteaks, das Hotelrestaurant Brockenblick auf eher rustikale Küche.

Ausgerechnet vom Brockenblick sieht man den Brocken nicht. Wegen Naturschutzauflagen dürfen die blickverstellenden Bäume nicht zurückgeschnitten werden. Wie wäre es mit ein paar Übernachtungen in zeitlicher Nähe zur Walpurgisnacht? Es sind nur ein paar hundert Meter in südlicher Richtung, ehe man freien Blick auf den Berg hat. Um noch einmal auf den Blocksberg zurückzukommen, Bibi Blocksberg ist nicht die Erfinderin dieser Bezeichnung. Elfie Donnelly, die Erschafferin der Zaubergöre, bediente sich am Bergnamen.

Adresse Am Brockenblick, 31141 Hildesheim | **ÖPNV** ab ZOB Linie 3 bis Haltestelle Achtum Kirschenweg | **Anfahrt** B 6 Richtung Goslar, circa einen Kilometer nach dem Klinikum rechts abbiegen und bis zum Parkplatz des Hotels / Restaurants | **Tipp** Wenn in Salzgitter der Stahl abgegossen wird, ist der rötliche Schein bis zur Jahnswiese zu sehen. Tagsüber ist die Wiese auf dem Galgenberg ein beliebter Ort für Modellflieger, Hundetrainer oder einfach nur zum Entspannen.

51__Die Brücke

Das vergessene Wunder

Hildesheim wurde im Jahr 815 von Ludwig dem Frommen gegründet, obwohl der gar nicht wusste, dass er diesen Beinamen hatte. Den bekam er nämlich erst nach seinem Tod verliehen. 344 Jahre später war wieder ein berühmter Mann in der Stadt. Rainald von Dassel, später der engste Berater von Friedrich I., auch Barbarossa genannt. Von Dassel war unter anderem Domcellarius, somit verantwortlich, dass es dem Domstift wirtschaftlich gut ging. Unter seiner Leitung wurde um 1159 eine Brücke über die Innerste, die an dieser Stelle mit dem Mühlengraben zusammenfloss, und dem Eselsgraben gebaut. Im 19. Jahrhundert schüttete man das uralte Bauwerk zu und baute darüber zwei neue Brücken über die drei Gewässer. Breiter, schöner, länger, moderner.

Nach einem schweren Hochwasser 2017 drohte der Damm des Eselsgrabens abzurutschen. In jahrelanger Arbeit wurde das Ufer des Eselgrabens wieder befestigt.

2022 musste die Dammstraße zwischen dem Kanal und dem Fluss für den Verkehr gesperrt werden, denn es drohten Straßeneinbrüche. Bei den Bauarbeiten kam es dann zur Sensation. Man entdeckte die Reste eines alten Bauwerks. Archäologen und Forscher rückten an, und schnell war ein Name gefunden: Die Rainald-von-Dassel-Brücke, die noch äußerst gut erhalten war. Sie ist damit die drittälteste mittelalterliche Brücke deutschlandweit. Nur in Bingen (11. Jahrhundert) und in Regensburg (um 1146) sind ältere Brücken erhalten. Über ein Jahr lang konnte nicht entschieden werden, was mit ihr geschehen sollte: Wieder zuschütten, damit der Verkehr möglichst schnell wieder rollt? Eine andere Brücke über sie setzen und sie restaurieren? Sie versetzen? Man will es nicht glauben, der Autoverkehr gewann, im Juli 2023 wurde bekanntgegeben, die Brücke wird konserviert und zugeschüttet. Wie schade. Wie gut hätte sich so ein Baudenkmal in die Welterbestätten eingefügt? Wie viele Besucher hätte unsere Brücke angelockt? Wir werden es erfahren, wenn es keine Autos mehr gibt.

Adresse neben Dammstraße 28, 31134 Hildesheim | ÖPNV ab Bahnhof mit RVHI-Linien 43 und 44 bis Dammtor | Tipp Direkt unter der bestehenden Brücke über der Innerste beginnt die Wildwasserstrecke Bischofsmühle für die Kanuten.

52 Das Café im Torhaus

Im Hof der Freimaurer

Etwas versteckt im Innenhof der Freimaurergilde liegt das Café im Torhaus. Hier treffen deutsche Fachwerkkunst und mediterrane Lebensart aufeinander. Der türkische Mokka ist ein Genuss. Immer zu haben sind selbst gebackene Kuchen und Torten sowie verschiedene hausgemachte Gebäcksorten. Manchmal geht es herzhaft zu, zum Beispiel mit Spinattorte. Auf Vorbestellung wird eine Teezeremonie aus dem Samowar kredenzt. Dafür steht Nurcan Hakgüden bereits um 4 Uhr früh auf. »Damit alles frisch ist«, sagt sie. Allerdings betreibt sie zusätzlich Bistros in zwei Behörden, die von morgens bis mittags ebenfalls versorgt werden wollen.

Im Sommer serviert sie im Torhaus selbst gemachte Zitronenlimonade nach Omas Rezept. Und die wird auch im Freien an den Gast gebracht. Ein wunderschönes Ambiente bietet sich dann dem Besucher, denn er sitzt direkt neben dem prächtigen Fachwerkhaus der Freimaurer. Erbaut wurde das Haus zwischen 1534 und 1540 als Repräsentationsgebäude des Dompropstes Graf Otto von Schaumburg.

Häufig kommen dann ausländische Urlauber, die im Café eine Pause einlegen wollen. Oft sind es Niederländer oder Engländer, die sich begeistert zeigen und schnell mit den Einheimischen in Kontakt kommen.

An regnerischen Tagen und im Herbst und Winter fühlt man sich aber genauso wohl im Torhaus. Die gelernte Hotelfachangestellte hat ihr Café sehr geschmackvoll eingerichtet. Jeder Tisch ist ein wenig anders, auch die Stühle unterscheiden sich voneinander. Vielleicht ist ja sogar das einladende Sofa frei? Die Wände zieren wechselnde Ausstellungen, meist Gemälde oder Fotos. Und alles ist nett dekoriert, eine Zusammenstellung aus deutschem und türkischem Zierrat. »Es muss schön aussehen, alles muss passen, das ist mir ziemlich wichtig«, erzählt Frau Hakgüden. Es passt. Tatsächlich bietet das Café eine Wohnzimmeratmosphäre und ist von nüchternem Caféhaus-Ambiente meilenweit entfernt.

Adresse Kesslerstraße 57, 31134 Hildesheim | ÖPNV ab ZOB Linie 2 bis Haltestelle Annenstraße | Öffnungszeiten Mo–Mi, Sa, So 14.30–18 Uhr | Tipp In der Wollenweberstraße 79 findet man die Antschan Thaimassage. Es ist das älteste Studio der Stadt. Die Massagen unterscheiden sich kaum von denen in Thailand. Sehr entspannend und zertifiziert (Rückenmassage: 45 Minuten für 29 Euro).

53 Das Didrik-Pining-Denkmal

Wie war das noch mal mit Kolumbus?

Didrik Pining? Nie gehört? Das muss sich umgehend ändern! Schließlich wurde dem Mann ein Denkmal gesetzt, eine Schule wurde nach ihm benannt und ein Sitzungssaal im Rathaus. Pining wurde um 1430 geboren. In jungen Jahren trat er in die dänische Kriegsmarine ein und kämpfte im dänisch-englischen Seekrieg. Er muss Enormes geleistet haben, denn er machte schnell Karriere und wurde bis zum Admiral befördert. Die beiden Könige Alfons V. von Portugal und Christian I. von Dänemark und Norwegen entsandten 1473 eine gemeinsame, streng geheime Expedition Richtung Grönland. Sie hatte den Auftrag, »neue Länder und Inseln aufzusuchen«. Dabei wurde auch die Order ausgegeben, weiter westlich von Grönland zu suchen. Didrik Pining oblag der Oberbefehl, weitere Befehlshaber waren der Portugiese João Vaz Corte-Real und der Hamburger Hans Pothorst. Ob Pining bis nach Neufundland gekommen ist, kann nicht belegt werden. Sollte er es allerdings geschafft haben, dann hätte er den amerikanischen Kontinent 20 Jahre vor Kolumbus entdeckt.

Weitere Stationen seiner Karriere waren unter anderem Statthalter von Island und die Berufung in den norwegischen Reichsrat. Bis zu seinem Tod 1491 war er Vogt von Vardöhus in Nordnorwegen.

Was hat das alles eigentlich mit Hildesheim zu tun? Ganz einfach: Didrik Pining war ein gebürtiger Hildesheimer und wuchs in einer bürgerlichen Familie auf. Wir gehen also davon aus, dass nicht Christoph Kolumbus Amerika entdeckt hat, sondern ein Hildesheimer. Ziemlich sicher sogar. Aber Hildesheimer sind viel zu bescheiden, um solche Unwichtigkeiten in die Welt hinauszuposaunen. Pinings Denkmal besteht aus einer langen Säule und einem überdachten Brunnen daneben, der jedoch außer Betrieb ist. Es wurde von Jan Obornik geschaffen und symbolisiert Enterhaken, Wasser und Wellen sowie ein halbkreisförmiges Astrolabium, den Vorläufer des Sextanten.

Adresse Alter Markt, 31137 Hildesheim | ÖPNV ab ZOB Linien 1, 2, 4 bis Haltestelle Bohlweg | Tipp Der Platz wird durch ein Gebäude begrenzt, an dessen Rückseite die Kaiserhausfassade wieder errichtet wurde. Auf ihr ist eine Vielzahl Reliefs römischer Kaiser abgebildet.

54 Die Domäne Marienburg

Ein ungeliebter Bischof, Eis und Wissen pur

Die Hildesheimer hatten von jeher ihre Probleme mit dem Kirchenadel. Einige Bischöfe errichteten sich deshalb außerhalb der Stadtmauern Festungen. Eine davon ist die heutige Domäne Marienburg. In die hat die Universität 1993 die kulturwissenschaftlichen und sprachästhetischen Studiengänge verlegt und so eine der schönsten Bildungseinrichtungen im ganzen Land geschaffen.

Gebaut wurde die Trutzburg Mitte des 14. Jahrhunderts. Der vom Papst mit Bann und Interdikt belegte Bischof Heinrich III. von Braunschweig-Lüneburg benötigte einen sicheren Ort vor den aufgebrachten Untertanen. Im Dreißigjährigen Krieg wurde die Burg erobert, teilweise zerstört und im Fachwerkstil wieder aufgebaut. Als Wehranlage hatte sie danach keine strategische Bedeutung mehr. Vor dem Ersten Weltkrieg etablierte Carl Graf einen Gemüseanbaubetrieb, der ab 1949 seine Produkte einmachte und in Konservendosen vertrieb. Eine weitere Manufaktur auf dem Gelände war legendär: die Firma MUKU-Eiskrem Helmut Graf und Co. »Rocky«, »Afrikaner« oder »Slop« fanden reißenden Absatz. 1992 wurde das Werk geschlossen und an einen Lebensmittelkonzern verkauft.

Bei der Wanderung kommt man ins Staunen ob der Schönheit der Anlage. Der Erker mit seinen Butzenglasscheiben, der Uhrturm, all das versetzt einen zurück in vergangene Zeiten. Links steht ein quaderförmiges modernes Gebäude. Es beherbergt das Theater der Domäne und wird mittlerweile vom Theater für Niedersachsen als Veranstaltungsort mitgenutzt.

Mietcontainer, die als Seminarräume eingesetzt werden, zeugen vom Hochwasser 2017, als das Gelände durch die Innerste überflutet war. Dabei entstanden Schäden in Millionenhöhe. Eine Pforte führt in den südlichen Teil der Domäne, in früheren Zeiten ein Wassergraben. Vielleicht ragt deshalb ein überdimensionierter Strohhalm aus der Wiese? Oder ist es der rettende Strohhalm für die nächste Überschwemmung?

Adresse Domänenstraße, 31141 Hildesheim | **ÖPNV** Linie 34 nach Hackenstedt bis Haltestelle Itzum Scharfe Ecke | **Öffnungszeiten** nur von außen zu besichtigen, bei Veranstaltungen auch von innen (gilt für diverse Gebäude) | **Tipp** Sensationell leckere Kuchen bietet das Hofcafé der Domäne. Das Frühstück ist sehr beliebt, und auch Mittagstisch wird angeboten.

55 Die Dombibliothek

Asterix und die Franken

Zugegeben, diesen Asterix-Band kann es nicht geben, denn der Zeitunterschied zwischen dem »kleinen gallischen Dorf« und dem fränkischen Reich beträgt über 860 Jahre. Kommen wir zunächst zu den Franken. Deren Kaiser Louis le Pieux, besser bekannt als Ludwig der Fromme, gründete 815 Hildesheim. In jener Zeit begannen Mönche damit, Niederschriften zu sammeln. Dazu wurde eine Bibliothek gegründet. Und die gibt es immer noch. Sie ist heute die älteste und eine der bedeutendsten Bibliotheken Norddeutschlands. Manche der Schriftstücke sind 1.000 Jahre alt. Obwohl der Dom im Jahr 1013 brannte und nur Fragmente dieser Texte übrig blieben, bewahrte man sie auf. Sie liegen heute im Tresorraum der Dombibliothek. Ebenso wie eine absolute Rarität, eine der beiden einzigen runden mittelalterlichen Handschriften, die es weltweit gibt. Es ist der Codex Rotundus, geschrieben und illustriert in Brügge Ende des 15. Jahrhunderts. Ein Meisterwerk der Buchkunst und der Buchbinderei, denn der »Buchrücken« ist bei 200 Seiten nur etwa neun Zentimeter stark. »Im Keller stehen Hunderte von Inkunabeln, also Bücher, die vor 1500 gedruckt wurden, und viele von ihnen müssen noch wissenschaftlich ausgewertet werden«, erzählt die Direktorin Dr. Monika Suchan. Das gilt auch für unzählige andere Druckwerke und Archivalien zum Beispiel zur Stadtgeschichte, die dort aufbewahrt werden.

Dieses Magazin kann bei Führungen besichtigt werden. Öffentlich zugänglich sind die zwei oberen Etagen, in denen ebenfalls Tausende Folianten und auch digitale Medien stehen und darauf warten, gelesen, gehört oder ausgeliehen zu werden.

Wer glaubt, es handle sich nur um kirchliche Werke, der irrt, denn neben allen Asterix-Bänden findet man weitere 700 Comics. Der Besuch der Dombibliothek ist eine spannende Reise in die Vergangenheit Hildesheims, besonders wenn man sich nicht nur für Asterix und Obelix interessiert.

Adresse Domhof 30, 31137 Hildesheim, www.dombibliothek-hildesheim.de | ÖPNV ab ZOB Linien 1, 2, 4 bis Haltestelle Bohlweg | Öffnungszeiten Di–Fr 9–16.30 Uhr; Termine für Führungen in öffentlich nicht zugängliche Archive siehe Webseite unter »Aktuelles« | Tipp In der Schuhstraße 10 kann man leckere vietnamesische Spezialitäten in dem kleinen Restaurant Shin hwa genießen.

56 Das Erich-Pommer-Haus

Das Haus des Entdeckers

Ob Marlene Dietrich jemals in Hildesheim war? Davon ist nichts überliefert. Angebracht wäre ein solcher Besuch gewesen, denn in der Altpetristraße 7 wurde im Jahr 1889 der Mann geboren, dem sie ihren Ruhm zu verdanken hat: der spätere Filmproduzent Erich Pommer. Sicherlich werden jetzt die Herzen einiger Filmfans höherschlagen. Auch wenn in Zeiten von Dolby Digital die Wörter Stummfilm und Schwarz-Weiß antik anmuten mögen.

Pommer war der Sohn eines jüdischen Textilkaufmanns, der vor den Nationalsozialisten nach Amerika geflohen war. Unbekannt war er da längst nicht mehr. Er war einer der berühmtesten deutschen Filmproduzenten jener Zeit. Er schuf unter anderem den bis dahin teuersten Film, den ersten Science-Fiction-Film in Spielfilmlänge und 1927 einen der bedeutendsten Filme der deutschen Filmgeschichte in Union: »Metropolis«, bei dem Fritz Lang Regie führte und der mit dem Titel UNESCO-Weltdokumentenerbe ausgezeichnet wurde. 1930 produzierte er ein weiteres Meisterwerk, den Tonfilm »Der blaue Engel« mit Marlene Dietrich als Lola Lola in einer der Hauptrollen. Ebenso sei der Film »Das Kabinett des Doktor Caligari« erwähnt.

Trotz aller Erfolge löste die Universum Film AG (UFA) den Vertrag mit Pommer, als die Nationalsozialisten 1933 die Macht an sich rissen. Erich Pommer emigrierte erst nach Frankreich, später nach Amerika. In Paris und Hollywood arbeitete er für die Fox Film Corporation (20th Century Fox). Bereits 1926 und 1927 hatte er für Paramount und Metro-Goldwyn-Meyer in Amerika gearbeitet. Er starb 1966 in Los Angeles.

Viel hat Erich Pommer nicht in Hildesheim hinterlassen. Über seine Kindheit ist nichts bekannt. 1896 zog er mit seiner Familie nach Göttingen. Das Elternhaus wurde im Zweiten Weltkrieg zerstört. Am Gebäude, das heute an seiner Stelle steht, wurde eine Gedenktafel angebracht, die an Pommer und sein Wirken erinnert.

Adresse Pelizaeusplatz 1, 31137 Hildesheim | **ÖPNV** ab ZOB Linien 2, 5/43 bis Haltestelle Schuhstraße | **Öffnungszeiten** nur von außen zu besichtigen | **Tipp** Gegenüber steht die Kreuzkirche, deren Ursprung im 9. Jahrhundert liegt, als sie noch als Toranlage in der Bernwardsmauer fungierte. Von dieser Anlage ist ein großer Teil im Mittelschiff erhalten. Sie gilt als eine der schönsten Kirchen Hildesheims, unbedingt auch hineingehen!

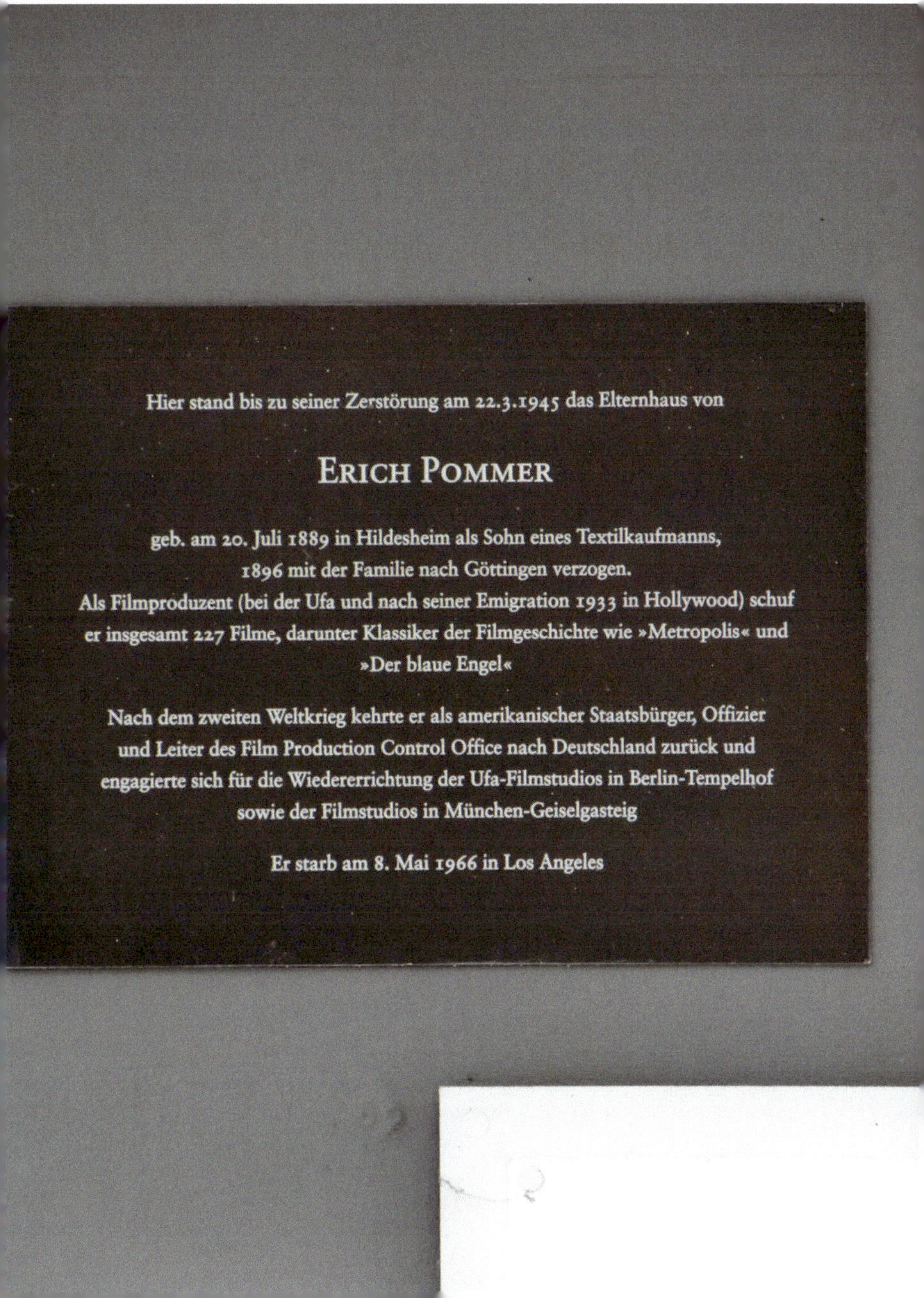

57 Der Familien-Sport-Bund

Ein Verein im Einklang mit der Natur

Ein solarbeheiztes 25-Meter-Sportbecken, fünf Pétanquefelder, zwei Beachvolleyballplätze, eine Sauna, eine kleine Schwimmhalle, Tischtennisplatten und ein Faustballfeld. Das erwartet den Besucher ein Stück oberhalb des Stadtteils Bockfeld und des Panoramawegs mitten im Wald. Eine Idylle auf 60 Hektar Land. Wind raschelt in den Blättern, Vögel zwitschern, Natur pur. »Wir betreiben hier kontaktarmen Breitensport«, erzählt Heiner Krussmann, der Vereinsvorsitzende. Fußball oder Sportarten, bei denen viel Körperkontakt stattfindet, sucht man hier vergebens. »Vor einigen Jahren waren wir recht überaltert, aber nun treten immer mehr junge Familien ein. Wir freuen uns auf unser jüngstes Mitglied. Es kommt im Oktober (2019) auf die Welt.« Lachend verbessert er sich. »Natürlich bekommt es nicht der Verein, seine Mutter kriegt es.«

Eine ältere Dame mit freiem Oberkörper wandert mit einer Schubkarre vorbei. Sie pflegt eine Hecke. Der Familien-Sport-Bund ist nämlich ein Naturistenverein (kein Nudistenverein!). Etwa 200 Mitglieder hat er, und es gibt ein reges Vereinsleben mit Oktoberfest, Weihnachtsfeier oder Neujahrsempfang. Auch an der Pflege der Außenanlagen kann man sich beteiligen. Viele helfen mit, dass das Areal in Schuss gehalten wird. »Wir leben hier mit einer gewissen Portion intimer Distanziertheit. Gespräche finden mit Augenkontakt statt. Wir schauen nicht auf der anderen Nacktheit«, so Krussmann.

Dass ganze Familien das Gelände nutzen, zeigt ein mit Spielzeug übersäter Spielplatz. Im Hintergrund spielen ein paar Vereinsmitglieder Pétanque, ein Boulespiel. Sie sind bekleidet, die Temperatur ist zu niedrig. »Es gibt nur zwei Regeln«, erklärt Heiner Krussmann. »Unser Sportbecken und die Sauna sind textilfrei. Badekappen eingeschlossen. Ansonsten darf hier jeder herumlaufen, wie er will.« Neue Mitglieder sind gern gesehen, ein Probemonat ist möglich.

Adresse Rottsberg 1, 31139 Hildesheim, www.fsbhildesheim.de | ÖPNV ab ZOB Linie 6 bis Haltestelle Waldquelle | Öffnungszeiten nach Vereinbarung und bei öffentlichen Veranstaltungen | Tipp Auf dem Weg in den Wald passiert man den Panoramaweg, von dem aus man einen überwältigenden Ausblick über Hildesheim hat.

58 Die Goethestraße

Wohngemeinschaft mit Nothelferin

Nachdem der Immobilienmakler Jürgen Grentz das Gebäude 2007 bei einer Zwangsversteigerung erworben hatte, sanierte er den baufälligen Kasten zu jenem schmucken Haus, das sich heute an der Goethestraße/Ecke Katharinenstraße befindet. Dabei erstand er eine Sandsteinfigur, die in einer Nische seine Straße im strengen Blick hielt. Es war ein Bildnis des Geheimrats Johann Wolfgang von Goethe. Wesentlich gütiger schaute die heilige Katharina von Alexandrien als Stuckarbeit von der Hauswand.

Herr Grentz fragte sich, wer in eine verwaiste Nische einziehen sollte, und fand schnell eine Lösung. Nun suchte er einen Künstler, der seine Idee realisieren konnte und wollte. Er wurde sich mit dem Hohenhamelner Bildhauer Dieter Homeyer einig, der die vorhandenen Kunstobjekte bemalte und ein neues schuf. Dieses wurde 2008 feierlich durch Frau Grentz enthüllt. Dazu ertönte ein Song. Eingeleitet durch einen leicht angezerrten Gitarrenriff, setzte kurz danach der Gesang ein: »If you start me up. If you start me up I'll never stop. You can start me up. You can start me up I'll never stop.« Da diese Zeilen wohl kaum einem deutschen Dichter zuzuordnen sind, kommt natürlich nur einer in Frage: Mick Jagger, der in typischer Pose seitdem den Platz in der Nische einnimmt. »Es war das Lied ›Start me up‹ von den Rolling Stones, das bei jeder meiner Partys zu Beginn gespielt wurde«, schmunzelt der Stones-Fan Jürgen Grentz.

Einmal kam ein Nachbar vorbei und schaute sich die Kunstwerke genau an. »Nun müssen Sie aber den ollen Goethe durch Keith Richards ersetzen.« »Bei seinem Alter hätte ich nicht gedacht, dass er die Stones kennt«, sagt Grentz. Man könnte auch Lisa Fischer nehmen (regelmäßig als Background-Sängerin bei den Touren dabei), da die viel hübscher ist. Aber nein, der Dichterfürst wird selbstredend nicht weggentrifiziert. Er muss schließlich seine Straße immer im Blick behalten.

Adresse Goethestraße/Ecke Katharinenstraße, 31135 Hildesheim | **ÖPNV** ab ZOB Linie 1 bis Haltestelle Moltkestraße | **Öffnungszeiten** nur von außen zu besichtigen | **Tipp** Wenn man mit Kindern unterwegs ist, sollte man den Spielplatz am Ende der Katharinenstraße besuchen, der Jung und Alt begeistert. Besonders die Fahrrad-Parkour-Strecke hat es kleinen Radlern angetan. Zudem gibt es einen Verkehrsübungsplatz.

59 Das Gut Steuerwald

Sinti-Jazz und Pferde

Ein Bischof sollte ein Aufseher, ein Hüter oder ein Schützer sein, so die altgriechische Übersetzung. Nicht jeder Bischof nahm es so genau mit dieser Amtsbezeichnung und baute Burgen, um sich vor den erbosten Schäflein zu schützen.

Heinrich II. von Woldenberg war so einer. Er wurde 1310 zum geistlichen Oberhirten Hildesheims gewählt. Die Bürger waren mit der Wahl nicht einverstanden, sie verweigerten ihm den Huldigungseid. Es folgten heftige Auseinandersetzungen. Heinrich ließ deshalb die Burg Steuerwald errichten und verlegte 1313 den Bischofssitz aus der Stadt. Viel hat er nicht von der Burg gehabt, denn er starb fünf Jahre später in Avignon. Sein Neffe Otto II. folgte ihm nach und baute die Burg zur Wasserburg aus. Unter seiner Herrschaft entstand der Bergfried, der 26 Meter hohe Turm, der auch als Gefängnis diente. Einem weiteren Nachfolger, Heinrich III. von Braunschweig-Lüneburg, war die Burg offenbar nicht mehr gut genug, denn er ließ die Marienburg bauen. Dennoch blieb Steuerwald bis ins Jahr 1573 Bischofsresidenz. Zwischen 1618 und 1648, also im Dreißigjährigen Krieg, war Steuerwald mehrfach umkämpft und wurde schwer beschädigt. Die Umwidmung zum Gut erfolgte 1819. Auch während der ersten Bombardierung Hildesheims im Zweiten Weltkrieg erlitt die Burg Schäden.

Heute dient das Gut dem Sport und der Kunst. Einmal im Jahr wird ein Sinti-Festival veranstaltet, ein Fest feuriger Rhythmen. Dabei wird der Begründer und Vorreiter des europäischen Jazz geehrt und gefeiert. Es ist das jährlich stattfindende Django-Reinhardt-Festival. Die Konzerte sind ein Ohrenschmaus.

Hauptpächter der Burg ist ein Reitverein, der auch Reit- und Springturniere austrägt. Und selbst eine Rennbahn für Windhunde findet man hier. Besichtigen kann man das Gut nur von außen, ein Besuch des Hofes ist natürlich möglich. Aber bitte daran denken: Der Reitverein ist der Hausherr.

Adresse Mastbergstraße 19, 31137 Hildesheim | ÖPNV ab ZOB Linie 21 bis Haltestelle Steuerwald/Kreisberufsschule, etwa 15 Minuten Fußweg | Öffnungszeiten nur von außen zu besichtigen | Tipp Etwa zwölf Gehminuten entfernt endet zwischen Kanalstraße und Hafenstraße der Stichkanal Hildesheim.

60 Der Hintere Brühl

Die vielleicht schönste Straße Hildesheims

Die Touristen zieht es in die Kesslergasse und zum Kehrwiederturm. Manche kommen hierbei durch den Hinteren Brühl, dem sie oft wenig Beachtung schenken. Das gilt auch für das Wernersche Haus. Das Smartphone wird gezückt, zwei bis drei Bilder werden geschossen, das war es. Sehr schade, denn die Gasse ist eine der schönsten in Hildesheim. Sie sollte gemächlich von der Neuen Straße aus in Richtung Basilika St. Godehard erwandert werden. Es lohnt sich, die alten Bauten zu bewundern, die krummen Fassaden, die Inschriften, die Rosetten. Es ist die am besten erhaltene Straße aus der Frühen Neuzeit. Parken ist verboten, hie und da klappern Fahrräder übers Kopfsteinpflaster oder auch mal eine der neumodischen benzinbetriebenen Kutschen. Ansonsten kann man hier fast gänzlich in vergangenen Jahrhunderten schwelgen. Und es wird klar, warum man die Stadt Nürnberg das »Hildesheim des Südens« nannte. Es wird einem bewusst, wie schön Hildesheim bis vor dem Krieg war. Denn etliche Straßenzüge zeigten die Pracht solch alter Bausubstanz. So lange, bis die Bombereinsätze der Alliierten die Stadt in Schutt und Asche legten. Einige Kleinode haben sie überstanden, sie wurden wieder hergerichtet. Die Ruinen wurden durch modernere Backsteinbauten ersetzt, die auf den ersten Blick wie Fremdkörper wirken. Doch bei genauerem Betrachten entpuppen auch sie sich als ästhetische Schnipsel progressiver Zeiten. Zeitalter, die bereits eine geraume Weile zurückliegen. Vielleicht sollten Sie für einige Sekunden die Augen schließen und darauf warten, dass der Fuhrknecht eines Ochsenkarrens Sie aus dem Weg schimpft.

Geht man gemächlich seinen Weg weiter, kommt nach einer Weile die Godehardikirche in den Blick. Kaum etwas Modernes stört mehr das Erleben. Eines nur ist wichtig: Bewusst durch den Hinteren Brühl zu laufen, sich die Zeit dazu zu nehmen und alle Gebäude der Straße eingehend zu betrachten.

Adresse Hinterer Brühl, 31134 Hildesheim | ÖPNV ab ZOB Linien 1, 2, 4 bis Haltestelle Bohlweg | Tipp Die Straße endet an der Basilika St. Godehard, ein Besuch der Kirche lohnt auf jeden Fall.

61__Das Kafenion

Der legendäre Kakao im Wohnzimmer

Wer war die Meisterin schnulziger Literatur? Na klar, Rosamunde Pilcher. Diese Geschichte könnte von ihr stammen. Tut sie aber nicht. Sie spielt auch nicht in Cornwall, sondern in der Wollenweberstraße 37 in Hildesheim.

Herrn Heimers Ziel war das Studium der Landschaftsarchitektur, dafür wollte er zuvor eine Gärtnerlehre absolvieren. Er klingelte bei seinem Lehrherrn, um sich vorzustellen, eine junge Frau öffnete ihm die Tür. Es war Liebe auf dem ersten Blick! Irini stammte aus Griechenland. Sie war gegen den Willen ihrer Eltern nach Deutschland gekommen, um sich für den Studiengang Modegrafik einzuschreiben. Daraus wurde aus Geldmangel nichts. Der angehende Landschaftsarchitekt holte sie nach Hildesheim in die Wollenweberstraße, und die beiden wurden ein Paar. Noch während seines Studiums kam das erste Kind zur Welt.

Irini Heimer hatte viele Hobbys: Sie töpferte, filzte und kochte hervorragend griechisches Essen. Es war fast schon Vorsehung, dass das 500 Jahre alte Haus saniert wurde und sie darin ein Café eröffnen konnte: das Kafenion. Seitdem köchelt laut Gästebewertungen der leckerste Kakao der Welt auf dem Ofen. Dazu werden selbst gebackene Kuchen gereicht. Latte macchiato? Espresso? Gibt es nicht. Nur legendären Kakao und von Hand gebrühten Filterkaffee. Speis und Trank werden in der Stube serviert. Eine Puppe aus Porzellan sitzt auf der Kommode. Im Biedermeierschrank steht altes Porzellan. Tiffany-Lampen sorgen für gedämpftes, wohliges Licht. Alte Holzbalken durchziehen den Raum. Passend zur Jahreszeit zieren selbst gezogene Blumen die Tische: Kamelien, Rosen, Dahlien oder Clivien im Topf. Eine Bücherecke lädt zum Stöbern ein. Die Kunden fühlen sich wie zu Hause im Wohnzimmer.

Heute wird das Kafenion von Manuel Heimer, Irinis Sohn, bewirtschaftet, ganz in der Tradition der vor zwei Jahren verstorbenen Irini. Ohne Kaffeevollautomat, dafür mit leckeren Kuchen.

Adresse Wollenweberstraße 37, 31134 Hildesheim | **ÖPNV** ab ZOB Linie 2 bis Haltestelle Wollenweberstraße | **Öffnungszeiten** Di–So 15–19 Uhr | **Tipp** Das Kafenion befindet sich in der Neustadt, die so neu gar nicht ist. Einst als eigenständige Stadt Anfang des 13. Jahrhunderts gegründet, bietet das Viertel die größte Anzahl an Fachwerkbauten. Einfach durch die Gassen streifen und sich in alte Zeiten zurückversetzen! Wer nur hektisch durcheilt, verpasst eine Menge Baudenkmale.

62 Das Kartäuserkloster

Die Babyklappe in der Klosterwand

Das blaue Tor an der Stelle, wo Hückedahl, Neue Straße und Treibestraße aufeinandertreffen, kennen sicher viele. Es gibt ein Gerücht, dass sich in der Wand bei dem Tor einst eine Babyklappe befand.

Wer könnte besser darüber informieren als eine Ordensschwester? Die ehemalige Oberin des Sankt-Bernward-Krankenhauses, Schwester Maria Canisia Corleis, gibt gern Auskunft, und so erzählt sie, dass im Jahr 1664 die Kartäusermönche dahinter ihre Zellen hatten. Sie lebten in strenger Observanz, fast völlig abgeschnitten von der Außenwelt. Die obersten Ziele des Ordens sind bis heute das Leben in Einsamkeit und das Schweigen. Auf dem Areal standen ein Siechenhaus für Sterbende und eine Kirche. Besucher konnten nur durch eine Klappe in der Wand Kontakt zu den Insassen aufnehmen. Es gab einen Bruder Pförtner, der vielleicht mitteilte, ob ein eingelieferter Verwandter noch lebte. Niemand weiß, ob die Klappe auch als Babyklappe oder vielmehr Wickelkindklappe genutzt wurde. Es ist unwahrscheinlich, denn ein schreiender Säugling hätte die Mönche nur bei ihrem ewigen Gebet gestört.

1803 kamen drei Vinzentinerinnen aus Paderborn und errichteten zwei Krankenzimmer. Eines für Männer und eines für Frauen. Eigentlich war ihr Anliegen, eine häusliche Krankenpflege einzurichten. Jedoch war der Bedarf an einem Spital hoch. So wurde es 1852 gebaut. Finanziert wurde es mit dem Badezimmer. Dies wurde an den Wochenenden für zwei Pfennige an die Bürger vermietet, denn es gab in den bürgerlichen Häusern keine Badezimmer. Die Ordensschwestern kümmerten sich um die Kranken und sorgten für Zucht und Ordnung.

Die Klappe ist heute schwer zu erkennen, denn eine Messingtafel für die Rosenroute wurde darüber angebracht. Das Gerücht hält sich. Das Sankt-Bernward-Krankenhaus bietet übrigens jeder werdenden Mutter eine anonyme oder vertrauliche Entbindung an. Eine Babyklappe gibt es hingegen nicht.

Adresse Treibestraße 9, 31134 Hildesheim | ÖPNV ab ZOB Linien 1, 2, 4 bis Haltestelle Bohlweg | Öffnungszeiten nur von außen zu besichtigen | Tipp Hinter dem Krankenhaus liegt der Kalenberger Graben, der oft als Hildesheims grüne Lunge bezeichnet wird. Ein ruhiger Ort zum Bummeln, Entspannen oder Entenfüttern.

63__Der Kehrwiederturm

Die Rätsel eines Turms

Die Stadtbefestigung hatte ursprünglich vier Wehrtürme, nur einer davon ist erhalten geblieben. Zum Glück. Ohne den Kehrwiederturm wäre Hildesheim um einen Schatz ärmer. Wann er gebaut wurde, kann niemand genau sagen. Irgendwann zwischen 1300 und 1456. Damals hieß er Hohnser Tor, denn spazierte man durch ihn aus der Stadt hinaus, erreichte man schnell das Dorf Hohnsen. Woher er seinen heutigen Namen hat, ist nicht genau bekannt. Drei Möglichkeiten werden aufgeführt.

Entweder sein Name entwickelte sich aus der Bezeichnung »Kehrwehr« heraus, die dann im Laufe der Zeit zu Kehrwieder wurde. Denn außerhalb der ehemaligen Stadtmauern macht der angrenzende Kehrwiederwall eine fast rechtwinklige Kehre, die Angreifern eine direkte Erstürmung erheblich erschwerte. Eine nüchterne Deutung ist die, dass die Besatzung des Turms die Glocke abends läutete, damit die Bürger der Neustadt ihren Weg zurückfanden. Die weitaus schönste Erklärung ist in einer Sage überliefert: Eine Edeldame hatte sich im dahinterliegenden Wald verirrt. Den Wachmännern fiel auf, dass sie am Abend nicht zurückgekehrt war. Sie ließen die Glocke erklingen, damit die junge Frau so ihren Heimweg fand. Seit Mitte des 17. Jahrhunderts hat sich die Bezeichnung Kehrwiederturm eingebürgert.

Heute ist der Turm fester Bestandteil einer Stadtbesichtigung. Er ist beliebtes Fotomotiv, und auch in der Malerei wird er häufig abgebildet. In seinen Gemäuern ist der Hildesheimer Kunstverein beheimatet. Die Treppe hinauf zum Eingang hätte bei der Renovierung 1982 allerdings schöner geraten können. Das Stahl-Ungetüm regt eher dazu an, die Hände vor die Augen zu schlagen. Genutzt wird der Turm für Ausstellungen. Auf der Fläche vor dem Turm wurde eine kleine Bühne errichtet, und das Standesamt bietet an, sich im Turm trauen zu lassen. Seine Glocke hängt heute in der Lambertikirche auf dem Neustädter Markt.

Adresse Am Kehrwieder 2, 31134 Hildesheim, www.kunstverein-hildesheim.de | ÖPNV ab ZOB Linie 2 bis Haltestelle Wollenweberstraße | Öffnungszeiten von außen immer zu besichtigen, bei Ausstellungen des Kunstvereins auch von innen | Tipp Das Waffenschmiedehaus am Gelben Stern ist das älteste Fachwerkhaus der Stadt. Es ist Sitz des Neisser Archivs und Heimatmuseums, das sich mit der polnischen Stadt Nysa beschäftigt.

64 Das Kloster Marienrode

Das Grab der Gräfinnen

Zufällig hat der Wind den Autor auf einer Ballonfahrt über die Klosteranlage Marienrode getrieben. Von oben betrachtet ist die Anlage mit dem See und der Mühle wunderschön. Den Eindruck vermittelt sie auch aus der Normalperspektive.

Verlässt man das Kloster an der oberen Kapelle, kommt man zu einem alten Grab. Ein mächtiger Grabstein zeigt dem Besucher an, wer hier in Frieden ruht: Henriette Sophie Franziska Friederike Albertine Gräfin von Egloffstein und ihre Töchter. Den Namen muss man sich erst einmal merken können! Die Gräfin war eine bekannte Autorin und war 1773 auf Burg Egloffstein zur Welt gekommen. Diese steht etwa 20 Kilometer östlich der fränkischen Stadt Forchheim. Ihre Ausbildung erfuhr sie in Weimar unter anderem durch die befreundete Herzogin Anna Amalia von Braunschweig-Wolfenbüttel.

Genug des Adels, denn ihr Freundeskreis erstreckte sich auch auf andere Berühmtheiten, mit denen sie sich traf und Briefkontakte unterhielt. Johann Wolfgang von Goethe oder Friedrich Schiller seien hier genannt. Die Gräfin wurde mit 16 Jahren gegen ihren Willen mit dem Cousin Leopold Graf von Egloffstein-Arklitten zwangsverheiratet. Frauen, egal welcher Schicht, hatten damals kaum Rechte, und sie wurden von den Eltern strategisch verheiratet. Mit ihrem verhassten Gatten lebte sie ein Jahr lang in Italien, später in Erlangen. Nach 14 Jahren wurde die Ehe 1803 geschieden. Aus ihr waren vier Kinder hervorgegangen: Sohn Carl von und zu Egloffstein sowie die Töchter Caroline, Jeanette und Julie.

1804 heiratete Henriette den Freiherrn Carl von Beaulieu-Marconnay, einen ehemaligen Oberförster und späteren hannoverschen General, der in den Befreiungskriegen kämpfte. Nach dem Ausscheiden aus der Armee übernahm Carl als Oberforstmeister den Oberforstdistrikt Hildesheim. Das Ehepaar lebte bis zum Schluss auf dem Klostergelände.

Adresse Auf dem Gutshof, 31139 Hildesheim | **ÖPNV** ab ZOB Linie 3 bis Haltestelle Hildesheimer Wald, circa 1,1 Kilometer Fußweg | **Tipp** Am unteren Klosterausgang, an der Zisterzienserstraße gelegen, befindet sich ein hübscher See, der zum Verweilen einlädt. Unweit davon stehen eine Wassermühle und eine Windmühle.

65 Die KulturFabrik Löseke

Dank Aufkleber keine Einsturzgefahr

Wenn man die KulturFabrik Löseke, kurz KuFa genannt, betritt, fallen erst einmal unzählige Aufkleber und Tags auf. Überall kleben sie oder sind an die Wände geschrieben. Unmassen von Künstlern und Besuchern haben sich so verewigt. Dieses Gebäude kann nicht einstürzen, denn die Sticker halten es zusammen. Es sind Tausende.

1898 wurde die Papierfabrik Löseke gegründet. 1924 zog sie als Papiermanufaktur in den Langen Garten. Dort blieb sie bis ins Jahr 1977. Doch das Fabrikgebäude wurde zu klein. Was tun mit dem Gebäude, fragte sich Arwed Löseke und stellte es einem Verein zur Verfügung, der als einer der ersten Vereine deutschlandweit bereits 1992 soziokulturelle Ansätze zeigte. Der Vorläufer der KuFa war geboren. Die Ansätze sind nicht nur bis heute geblieben, sie wurden kräftig ausgebaut: die Nordstadt-Wandgalerie, die Wallungen, das Faserwerk am Ottoplatz, ein Projektladen mit offenen Werkstätten und ein Treffpunkt, an dem vielfältige Workshops angeboten werden. Ohne die KuFa wäre es um die Kultur in der Stadt arm bestellt. Die KuFa mischt mit, sie mischt sich ein, sie gestaltet und veranstaltet, wenn auch häufig nur als Kooperationspartner.

Der Club VEB (Volkseigene Bar) sei an dieser Stelle genannt, der jeden Mittwoch zu kostenlosen Konzerten einlädt, meist Punk. Oder der monatlich stattfindende Heimathaven, der lokalen Bands Auftrittsmöglichkeiten bietet. Partys, Lesungen, Theater, Drum-'n'-Bass-Stepdance, gemeinschaftliches Kochen, der Weihnachtsschmaus für Obdachlose, Workshops, das sind nur einige Offerten der KuFa. Eine KulturFabrik mit Hunderten Angeboten jährlich. Und dazu bietet sie auch Räumlichkeiten für private Feiern oder Veranstaltungstechnik zum Mieten an. Sie ist eine Fabrik für Musik, Bühne (dies umfasst alles, was auf einer Bühne stattfinden kann, vom Poetry Slam bis zur Theaterveranstaltung) und Stadtkultur. Im Jahr 2022 feierte die KuFa übrigens ihr 30-jähriges Jubiläum.

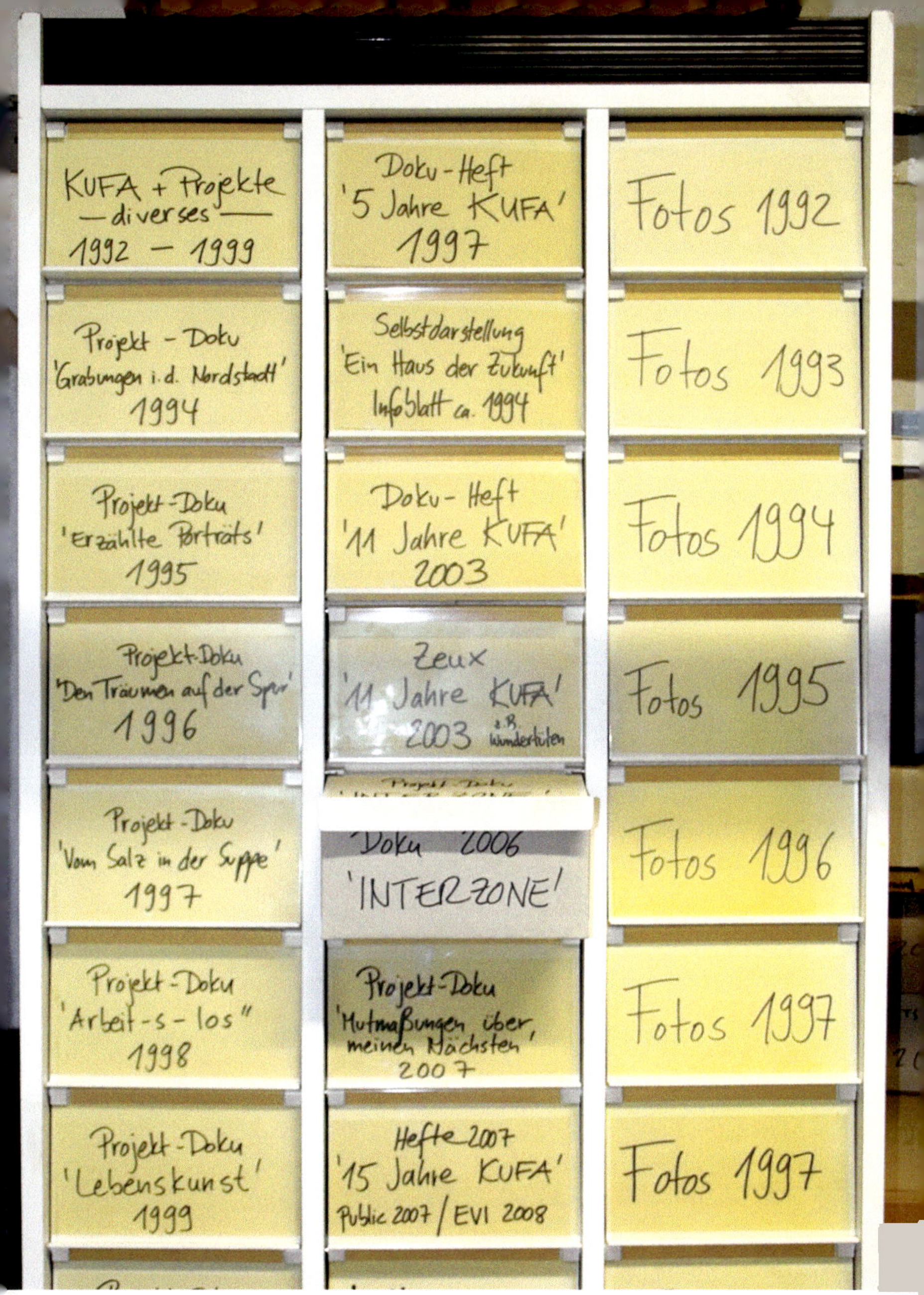

Adresse Langer Garten 1, 31137 Hildesheim | ÖPNV ab ZOB Linie 7 bis Haltestelle Langer Garten | Öffnungszeiten bei Veranstaltungen, Bürozeiten Mo–Fr 10–15 Uhr | Tipp In der Labora-Jugendwerkstatt werden Jugendliche ausgebildet, die eine schlechte Perspektive haben. Im Alten Dorf 6/7 nahe dem Bahnhof betreibt die gemeinnützige Gesellschaft eine günstige Fahrradwerkstatt.

66_Der Lerchenkamp

(K)ein Eldorado für Raser

Die meisten Menschen machen äußerst ungern Bekanntschaft mit Geschwindigkeitsmessanlagen. Besonders dann nicht, wenn die Geschwindigkeit ihres Fahrzeugs, sei es aus Unachtsamkeit oder aus Uneinsichtigkeit, viel zu hoch ist. Eine empfindliche Geldstrafe droht, wenn nicht sogar ein Fahrverbot. Technikinteressierte entnehmen dem Bußgeldbescheid aber immerhin, dass das Messgerät zum Beispiel ein TraffiStar S 330, ein TraffiStar S 350 oder ein TraffiPhot von der Firma Jenoptik war. Vielleicht wurde die Messung auch von einem Beamten durchgeführt, der das Handlasergerät TraffiPatrol XR benutzte.

Auf einer Straße in Hildesheim, die geradezu dazu einlädt, etwas mehr Gas zu geben, versammeln sich einige dieser Modelle: zwei klassische Starenkästen und eine schicke blaue Säule. Sie überwachen die Geschwindigkeit mit modernster Technik.

All diese Geräte sind Produkte der Firma Jenoptik Robot, die in Hildesheim einen Entwicklungsstandort betreibt. Vor dem Firmengebäude steht eine Testinstallation zur Erprobung von Modulen und Software für die Verkehrsüberwachungsprodukte von Jenoptik.

Wer sich einmal wie ein Star im Blitzlichtgewitter fühlen möchte, hat Pech, denn die Geräte sind mit Lasertechnik, Piezo-Sensoren, blendarm dank BlackFlash-Technologie und den neuesten Entwicklungen für oder vielmehr gegen Raser ausgerüstet. Radar war gestern. Nebenbei wird auch noch geprüft, ob die LKW-Maut gezahlt wurde. Das erledigt die blaue Säule. LKW-Maut-Säulen sind übrigens immer blau. Allerdings kann nicht garantiert werden, dass nicht vielleicht ein paar hundert Meter weiter ein paar Mitarbeiter des Verkehrsordnungsamtes auf der Lauer liegen. So zumindest sieht es eine Abmachung zwischen Jenoptik und der Stadt vor. Dann könnte es wieder teuer werden. Dieses Kapitel ist übrigens keine Aufforderung zum Rasen. Kommen Sie sicher ans Ziel!

Adresse Lerchenkamp 11, 31137 Hildesheim | **ÖPNV** ab ZOB Linien 17 und 21 bis Haltestelle Steuerwald/Kreisberufsschule | **Tipp** Das Airport Diner am Flugplatz 26 wird von der AWO betrieben und beschäftigt Menschen, die in der Arbeitswelt schwer zu vermitteln sind. Gäste loben das sehr gute Essen und die nette Bedienung.

67_Der Marktplatz

Der heilige Nikolaus und das Kornwunder

Dass Hildesheim einen der schönsten Marktplätze Deutschlands sein Eigen nennt, hat nicht nur das Magazin GEO in einem seiner Hefte veröffentlicht. Dies beweisen auch die Heerscharen an Touristen, die staunend die Gebäude ablichten. Seit 2019 ist er um eine Attraktion reicher. Ein Jahr zuvor kam nämlich ein Bäcker, dessen Backmethoden – im Gegensatz zu all den traditionell backenden Backfabrik-Ketten – wirklich traditionell waren, und der kaufte einen der Nachkriegsbauten, um darin seine Backstube »Herr von Myra« zu eröffnen.

Simon Hoberg springt von der Gegenwart schnell zurück in die Vergangenheit. In die Antike, zum heiligen Nikolaus von Myra, der als Bischof ein Kornwunder bewirkt hat. Gestorben ist Nikolaus am 6. Dezember zwischen 326 und 365 nach Christus.

In Hildesheim stand bis zu dessen Zerstörung im Jahr 1945 das Kramer-Gildehaus am Andreasplatz. Sein Fachwerk war mit Figuren reich verziert, eine davon stellt Nikolaus von Bari dar, einen Abt, der im 14. Jahrhundert in der italienischen Stadt Bari wirkte. 400 Jahre zuvor waren die Gebeine des Nikolaus von Myra nach Bari in die Basilika San Nicola gebracht worden. Reichskanzler Bischof Konrad von Hildesheim besuchte die Kirche auf dem Weg in den ersten Kreuzzug.

Als Simon Hoberg vom Kramerhaus erfuhr, passte für ihn alles zusammen. Er fertigte Zeichnungen an, wie er die Fassade des Plattenbaus in der Rathausstraße neu gestalten wollte, nahm sich die zwei gotischen Eingangsportale als Vorbild. Auch die Vorderansicht des ersten Stocks führte er in Anlehnung an das Gildehaus aus. Dort sollen zwei Stuben Platz finden, Gästezimmer. Und wenn die gut angenommen werden, plant er die Aufstockung um zwei weitere Etagen und ein Giebeldach. Mit Sicherheit ist Hildesheim dann um ein neues Fotomotiv reicher. Obwohl – das ist es jetzt schon. »Meine Backstube ist eher ein Kulturprojekt«, sagt er noch lächelnd.

Adresse Rathausstraße 25, 31134 Hildesheim | ÖPNV ab ZOB Linie 5/43 bis Haltestelle Rathausstraße | Öffnungszeiten Mo–Sa 9–17 Uhr | Tipp Das Stadtmuseum im Knochenhaueramtshaus bietet nicht nur die Möglichkeit, sich die oberen Geschosse und damit seine Konstruktion von innen anzusehen, es beherbergt auch ein interessantes Stadtmuseum mit Repliken des Hildesheimer Silberfundes.

68 Meister Lampe

Von Mittenwald nach Hildesheim

Björn Lampe ist Meister und nennt seine Werkstatt Meister Lampe. Mit Hasen hat sein Handwerk allerdings nichts zu tun. Doch beginnen wir mit einem Konzert, das er in seiner Jugend besucht hat. Kein Rockkonzert, sondern ein klassisches. Und der Blick in den Orchestergraben brachte eine Liebe hervor. Die Liebe zu Streichinstrumenten, um genau zu sein. Als Zehnjähriger erlernte er Cello. Einem Bekannten, der gern mit Holz arbeitete, durfte er über die Schulter schauen, später mitanfassen. Schließlich stand fest: Björn Lampe möchte Instrumentenbauer werden. Mit 17 meisterte er die Aufnahmeprüfung in Mittenwald, nahe der Grenze zu Österreich. Wer schon einmal dort war, der weiß, dass der Ort nicht nur für seine bunt bemalten Häuser, sondern auch für den Geigenbau berühmt ist. Und in der staatlichen bayerischen Geigenbauschule erlernte er sein Handwerk.

Als Geselle kehrte er Bayern wieder den Rücken und zog nach Detmold, wo er bei einem Geigenbaumeister arbeitete. 2006 legte er in Hamburg seine Meisterprüfung ab, um dann 2007 seine eigene Werkstatt in Hildesheim zu gründen.

»Selbst Geigen zu bauen, lohnt sich nicht«, sagt Björn Lampe. »Profimusiker wollen alte Instrumente mit bekannten Namen.« Eine von Antonio Stradivari oder von Guarneri del Gesù zum Beispiel. »Wenn ich das machen würde, müsste ich 5.000 Euro oder mehr verlangen. Wer zahlt das schon?«

Dafür bietet er in einem Verkaufsraum Dutzende Geigen, Celli, Bratschen und Kontrabässe an. Hier ist für jeden Geldbeutel etwas dabei. »Eine individuelle Beratung ist für mich selbstverständlich«, sagt Björn Lampe. »Und wenn sich die Kunden nicht sicher sind, ob sie wirklich das Spiel auf einem Streichinstrument erlernen wollen, dann können sie sich eines ausleihen.«

Als Geigenbaumeister nimmt er sich auch die Kummerfälle seiner Kundschaft vor. Risse im Holz, Klangprobleme oder einfach nur die nötige Wartung und Pflege: kein Problem für Meister Lampe.

Adresse Thomas-Mann-Straße 3, 31139 Hildesheim, www.meisterlampe-geigenbau.de | ÖPNV Linien 5 und 43, Haltestelle Ochtersum-Mitte | Tipp Hasen kann man im Wildgatter erleben. Aber auch Vögel, Hirsche oder Rehe. Ein eigenes Naturkundemuseum informiert über die heimische Tierwelt.

69 Die Michaeliskirche

Die Sache mit der Drei, der Vier und der Neun

Die Zahlen Drei, Vier und Neun spielen in der Michaeliskirche eine tragende Rolle. Doch erst einmal ein wenig Mathematik. 3 x 3 = 9. Das reicht eigentlich. Dionysius Areopagita wirkte als zweiter Bischof von Athen. 500 Jahre später, im Mittelalter, gab es einen unbekannten Autor, der Schriften in dessen Namen verfasste. Heute wird er deswegen Pseudo-Dionysius Areopagita genannt. Eine davon handelt von Engeln. Es ist die »De Coelesti Hierarchia«, die Engel in hierarchischer Folge aufzählt. Es gibt drei Ordnungen von Engeln mit jeweils drei Arten (zum Beispiel Thronengel, Mächte und Erzengel). Neun Engelskapellen finden sich inklusive des Michaelisaltars in der Kirche. Getragen werden die Engelsemporen in den Querhäusern von neun Säulen. Dabei sollten wir die Zahl Drei nicht vergessen. Im Mittelalter sah man die Drei als die Zahl Gottes und der Trinität an. Das Mittelschiff wird beidseitig von je neun Arkaden von den Seitenschiffen getrennt, »Niedersächsischer Stützenwechsel« genannt. Dabei wechseln sich jeweils eine eckige und zwei runde Säulen ab. Nimmt man diese eckigen Säulen als Abgrenzung, bekommt man im Grundriss genau neun Quadrate. Die Seitenschiffe sind hier nicht mitgerechnet.

Apropos Quadrate. Die bestehen aus vier gleich langen Seiten. Die Zahl Vier hatte im Mittelalter eine wichtige Bedeutung. Es gibt vier Jahreszeiten, vier Elemente, vier Himmelsrichtungen oder vier Evangelisten. Die Vier war die Zahl des Menschen und des Kreuzes.

Wahrscheinlich ist es Zufall, dass Bernward (im Bild seine Grabplatte aus dem 14. Jahrhundert) in seinem 33. Lebensjahr zum Bischof geweiht wurde. Die Kirche St. Michael oder einfach Michaeliskirche ist eine der drei Welterbestätten im Hildesheimer Land. Und eine Besonderheit hat die evangelische Kirche noch zu bieten: Die Unterkirche, die Krypta, ist katholisch. Die Michaeliskirche ist somit eine der wenigen Simultankirchen.

Adresse Michaelisplatz 2, 31134 Hildesheim | ÖPNV ab ZOB Linien 1, 3, 4, 5/43 bis Haltestelle Museum | Öffnungszeiten Mi–Mo 8–18 Uhr, Di 10–18 Uhr | Tipp Der Magdalenengarten ist einer der ältesten Parks Niedersachsens. Er wurde als Küchengarten des Klosters der büßenden Schwestern von St. Magdalenen um 1230 gegründet und zwischen 1720 und 1725 zu einem barocken Schmuckgarten umgestaltet.

70__Die Nordstadt-Wandgalerie 1

Alles so schön bunt hier!

»Alles so schön bunt hier!«, so röhrte Nina Hagen in den 1970er Jahren. Gemeint hat sie allerdings das Farbfernsehen, nicht die Nordstadt-Wandgalerie. Ob sie weiß, dass ihr Porträt eines der Häuser ziert? Alles so schön bunt hier. In der Nordstadt leben Menschen aus 99 Nationen. Es ist also wirklich bunt. Doch was ist eigentlich die Wandgalerie? Es ist Graffiti an Hauswänden, an Stromkästen, an allem, was sich zum Bemalen oder Besprühen eignet. Dabei handelt es sich nicht um Tags, sondern um Kunst, von erfahrenen Kunstschaffenden nach einem Plan an die Objekte angebracht. Kunst im öffentlichen Raum. Ein soziokulturelles Projekt, das die Bewohner zusammenbringen soll. Und es funktioniert!

Begonnen hat das Projekt 2017, als Lina Czapla, die Projektbeauftragte der KulturFabrik Lösecke, Menschen einlud und mit ihnen redete. Damals wurden mit »Beautiful People« vier Hauswände mit Porträts versehen. Sie sollten die Kommunikation fördern, dabei helfen, dass die Menschen ins Gespräch miteinander kommen. Dazu sollten sie eine Liebeserklärung abgeben, an Leute, die sie bewegten, die ihre Vorbilder waren. Der Anfang war gemacht, seitdem wird das Quartier jedes Jahr bunter.

2018 kam das Projekt »Fabelhaft Fabulous« dazu, das Motto dieses Mal: die phantasievollen Wesen und Lieblingstiere, die in den Köpfen der Nordstädter »wohnen«.

2019 ging es mit »Innenansichten« weiter. Der öffentliche Raum sollte zur Wohnstube werden. Dazu fotografierten oder malten die Bewohner lieb gewonnene Gegenstände, die schließlich von den Künstlern so umgesetzt wurden, dass die Welten der Nordstädter miteinander verwoben wurden. 2019 waren 43 Häuser, Trafohäuschen und Stromkästen künstlerisch gestaltet. Und es sollen noch mehr werden. Auf der Webseite der Kulturfabrik wird derzeit ein Atlas erstellt.

Adresse über das gesamte Quartier verstreut, 31137 Hildesheim-Nordstadt | ÖPNV vom Hauptbahnhof fußläufig zu erreichen | Tipp In der KulturFabrik Lösecke bekommt man drei Hefte, die die Projekte erklären und Geschichten der Nordstadt-Bewohner erzählen.

71__Die Nordstadt-Wandgalerie 2

Die Oma und der Esel

Als Lina Czapla sich mit Ayten für das Projekt »Beautiful People« über deren Vorbilder unterhielt, gab die heute 50-Jährige eine klare Antwort: eine alte Frau, schon über 70 Jahre war sie damals, und gerade mal 1,50 Meter maß sie. Das war ihre Großmutter. Lang ist es her, dass Ayten in der Türkei lebte. Da war sie noch ein junges Mädchen. Ihre Mutter war bereits in Deutschland, der Vater kämpfte im Libanonkrieg. Gekümmert hat sich die Oma um ihre Enkelkinder. Sie tat alles für sie. Damit sie nicht frieren mussten und zu essen hatten, nahm sie den Esel und die Kleinen und machte sich auf in die Berge, um Feuerholz zu holen oder Oliven vom Baum zu ernten. Die Kinder durften auf dem Esel reiten, die Oma führte ihn. Warum sie das tat, hat Ayten damals nicht verstanden. Heute weiß sie, dass die Oma nicht wollte, dass sich ihre Schützlinge überanstrengten.

Aytens Vorbild prangt an der Hausfassade Sachsenring 3A. Die Graffiti-Künstler Ole Görgens und Jan Heidemann haben sie dort verewigt. Und Ayten ist mächtig stolz auf das Bild. Auch wenn sie selbst darauf nicht abgebildet ist. Denn auf dem Esel sitzen die schlafende Pippi Langstrumpf und Ronja Räubertochter, die das Tier mit einem Trick antreibt, während Bibi Blocksberg erschöpft in der Satteltasche sitzt.

»Künstlerische Freiheit«, erklärt Ole Görgens die Zusammenstellung. »Wir haben viele Leute nach ihren Vorbildern befragt. Die drei Figuren wurden von drei verschiedenen Kindern genannt und kamen statt Ayten und ihrer Geschwister auf die Hauswand.«

Und Ayten? Die sagt: »Wenn ich irgendein Problem habe, dann denke ich an meine Vorbilder. Wie hätten die das wohl gelöst?« Zu denen gehöre auch Mustafa Kemal Atatürk, der türkische Staatsgründer, der viel für die Frauenrechte in der Türkei getan hat.

Adresse Sachsenring 3A, 31137 Hildesheim | ÖPNV ab ZOB Linien 4, 7 bis Haltestelle Ottostraße | Tipp Die freie Theaterszene trifft sich im Theaterhaus (Langer Garten 23). Hier teilen sich rund 30 Ensembles die Bühne. Dies gilt als einmalig in Deutschland.

72 Das Oskar-Schindler-Haus

Schindlers Liste, großes Kino

1994 wurde ein Film des Regisseurs Steven Spielberg mit sieben Oscars ausgezeichnet. Das Werk handelte von dem deutschen Unternehmer Oskar Schindler. Dieser hat in der Zeit des Nationalsozialismus 1.200 jüdischen Zwangsarbeitern und Konzentrationslagerhäftlingen das Leben gerettet, indem er sie zu kriegswichtigen Arbeitern erklärte. Der Film setzte Oskar Schindler ein Denkmal.

Ein steinernes Erinnerungsmal des Fabrikanten findet sich in der Alfelder Straße in Hildesheim etwas abseits des Hauses, in dem er bis zu seinem Tod lebte. Dieses befindet sich in der Göttingstraße, einer Nebenstraße.

Nach Kriegsende probierte sich Schindler eine Zeit lang in Argentinien an der Biberrattenzucht. Dies endete mit dem Bankrott. Nach seiner Rückkehr nach Deutschland arbeitete er als Handelsvertreter und versuchte, eine Betonfabrik aufzubauen. Das Unternehmen war bald insolvent. Als in Israel lebende Schindlerjuden, so nannten sich viele der Juden, die ihm ihr Überleben verdankten, von seinen finanziellen Schwierigkeiten erfuhren, luden sie ihn nach Jerusalem ein. Dort lernte er das Hildesheimer Ehepaar Staehr kennen und verliebte sich in Annemarie Staehr. Der Ehemann duldete diese Beziehung und bot Schindler an, zu ihnen zu ziehen. Ihnen gehörte das besagte Haus in der Göttingstraße. Schindler nahm die Einladung an und betrachtete die Stadt als seinen Altersruhesitz. Er starb 1974 im Sankt-Bernwards-Krankenhaus, begraben wurde er am Berg Zion in Jerusalem.

Als 1999 sein ehemaliger Dachboden entrümpelt wurde, fand man einen Koffer, in dem sich 7.000 Schriftstücke und Fotos befanden. Darunter war ein von Oskar Schindler selbst getipptes Register mit den Namen der Juden, die er gerettet hatte. Insgesamt sind vier solcher Listen bekannt, wobei es sich stets um Aktualisierungen der Originalliste handelt.

Adresse Göttingstraße 30, 31139 Hildesheim | ÖPNV ab ZOB Linie 3 bis Haltestelle Matthiaswiese | Öffnungszeiten nur von außen zu besichtigen | Tipp Schnell mal nach Italien! »Die Venedig« ist eine Insel, die vom Stadtgraben und der Innerste umflossen wird. Es gibt eine »Kleine Venedig«, eine Straße mit einer Brücke aus dem Jahr 1727, und eine »Große Venedig«, auf der man an der Innerste entlangspazieren kann. Doch der Name täuscht, die Bezeichnung hat nichts mit der Lagunenstadt zu tun, sie leitet sich vom Altdeutschen »Venilge« ab, das einen sumpfigen Ort bezeichnet.

73_Die Pilgerstätte

Allerdings hatte sie nichts mit der Kirche zu tun

An manchen späten Abenden in der Woche – so um 22 Uhr – fand im Stadtteil Moritzberg eine seltsame Prozession statt. Hunderte standen an der Himmelsthürer Straße oder am Probsteihof, den Daumen rausgereckt, so auf eine Mitfahrgelegenheit hoffend. Obwohl diese Leute sich oft in Leder gekleidet hatten und lange Haare im Wind wehten, hielten viele Autos an und nahmen sie mit. Denn das Ziel der Fahrer war dasselbe: Ein Club oben am Rottsberg. In einer Schlange fuhren die Autos den Berg hinauf, um dort jeden Quadratzentimeter zum Parkplatz zu machen, selbst wenn dabei ein Gebüsch umgefahren werden musste. Im Gegensatz zu anderen Diskotheken in der Stadt wurde hier kein Foxtrott getanzt, aus übermannsgroßen Lautsprechern ertönte harte Rockmusik, manchmal so laut, dass die Kleidung schlotterte. Das be bop war eine legendäre Szene-Disko. Bis zu 1.000 Leute kamen hierher, Alkohol floss in Strömen und es wurde mit weichen und harten Drogen gehandelt. Die Besucher kamen aus ganz Niedersachsen, obwohl das Lokal unter Polizeibeobachtung stand und es manchmal zu gewalttätigen Einsätzen der britischen Militärpolizei gegen die britischen Soldaten kam, die ebenfalls zu den Gästen zählten.

Zahlreiche Konzerte wurden hier abgehalten, damals bekannte Größen kamen, wie Embryo, Inga Rumpf, Pete York, Gong und natürlich Das 3. Ohr, das man als Hausband betrachten konnte. Joe Cocker dachte, er solle für einen Verrückten spielen, der seinen Geburtstag feierte.

Das be bop am Rottsberg bestand von 1976 bis 1985. 1980 bildeten Anwohner eine Interessensgemeinschaft und verklagten die Pächter. 1985 schloss der Club schließlich. Das Gebäude war zu diesem Zeitpunkt in einem katastrophalen baulichen Zustand. Nach seiner Schließung brannte es ab, die Reste wurden komplett abgerissen. Sie wichen einem Wohnhaus. Nur noch ein Strommast erinnert an das legendäre be bop. Dies berichtet ein früherer Stammgast.

Adresse Trifftstraße, 31139 Hildesheim | Tipp Die wohl schönste Aussicht über ganz Hildesheim und weit darüber hinaus hat man vom nahe gelegenen Panoramaweg aus.

74__Die Pizzeria Bestia

Das dritte Hildesheimer Weltkulturerbe

»Schmeckt wie beim Italiener«, so wirbt ein Konzern für seine Tiefkühlpizza. Die Frage ist, welcher Italiener das sein soll, denn den würde man wohl niemals aufsuchen. In der Pizzeria Bestia schmeckt es auch nicht wie beim Italiener, es schmeckt wie beim Neapolitaner. Um es noch genauer auszudrücken, wie bei einem Pizzabäcker aus dem 18. oder 19. Jahrhundert.

Olivenöl, Tomaten und Basilikum oder Oregano, das war damals der Belag für ein Fladenbrot, aus dem sich später die Pizza entwickelte. In Neapel gibt es richtige und falsche Pizzen. Das macht ein Zertifikat an der Wand der Pizzeria Bestia deutlich. Die Associazione Verace Pizza Napoletana hat es verliehen, was sinngemäß mit »Vereinigung für die richtige Pizza Neapels« übersetzt werden kann. Nur drei Pizzerien in Deutschland sind in Besitz dieses Zertifikats, denn man muss sich genau an die traditionelle Herstellung halten: Die San-Marzano-Tomaten wachsen an den Hängen des Vesuvs, sie werden gequetscht, nicht geschnitten. Der Kuhmilch-Mozzarella stammt aus Kampanien. Fast alle Zutaten kommen von dort. Die Zusammensetzung des Teigs besteht aus italienischem Weichweizenmehl Typ 00, Wasser und sehr wenig Bierhefe. Um den Teig am nächsten Tag zur Pizza werden zu lassen, muss sogar das Wetter beachtet werden. Damit er nicht zu sehr geht, wird abhängig von der Wettervorhersage die Menge der Zutaten leicht variiert.

Der Ofen muss zertifiziert sein und im Brennraum mit Holz oder Gas betrieben werden. Er wird auf 485 Grad gebracht. Die Backzeit liegt zwischen einer und eineinhalb Minuten. Die Position der Pizza wird mehrmals verändert. Und das Ergebnis? Es schmeckt anders als beim Italiener, es mundet einzigartig lecker! Diese Art, Pizza zu backen, ist zudem Weltkulturerbe!

Und was hält Sandro Bavoso, der Restaurantleiter, von einer Pizza Napoletana aus dem Discounter? Er winkt lachend ab.

Adresse Annenstraße 22–24, 31134 Hildesheim | **ÖPNV** ab ZOB Linie 2 bis Haltestelle Annenstraße | **Öffnungszeiten** Di–Sa 11–14 und 17–21 Uhr, So 17–21 Uhr | **Tipp** Schräg gegenüber zweigt die Kesslerstraße ab, die ehemalige Ketelerstraße, also die Gasse der Kesselflicker. Ein schönes Fachwerkhaus findet sich gleich auf der linken Seite. In der ehemaligen Großvogtei von 1662 ist heute das Niedersächsische Landesinstitut für schulische Qualitätsentwicklung untergebracht.

75__Reizig Naturformen

Reizende Formen

Lisa Reizig ist hängen geblieben. In Hildesheim, weil es irgendwie ja doch ein Dorf ist, wie sie sagt. Sie meint den Moritzberg, der erst seit 1911 eingemeindet ist. Nach dem Master of Art in Gestaltung, den sie an der Hochschule für angewandte Wissenschaft und Kunst absolviert hat, gefiel ihr die Stadt so sehr, dass sie blieb.

Sie zeigt ein paar Arbeiten, die sie während des Studiums gefertigt hat. Die wirken fast bieder gegenüber denjenigen, die sie heute erschafft. Acryl und Aluminium sind Silber und Gold gewichen. Zugegeben, Schmuckhersteller gibt es viele, was hebt Frau Reizig von ihnen ab?

»Ich entnehme die Vorlagen für meine Schmuckstücke der Natur«, sagt sie, und das ist wörtlich zu verstehen. Überall im Atelier liegen getrocknete Pflanzen, die sie gesammelt hat. Insbesondere sind es Samenkapseln, die es ihr angetan haben. »Sie sind wunderschön!« Das sind sie, doch man muss sie genau betrachten, um ihre Schönheit tatsächlich zu erkennen. So stellt Frau Reizig unter anderem aus Mohnsamenkapseln Silberschmuck und Goldschmuck her. Die Samenkapsel wird zuerst in ein Wachsbad eingelegt, dann fertigt sie mit Einbettmasse eine Form der Kapsel an, in der auch alle Hohlräume befüllt werden müssen. Die Form schickt sie an eine Kunstgießerei, die sie mit Silber oder Gold ausgießt. »Wenn ich den Rohling zurückbekomme, dann beginnt die Feinarbeit«, erzählt Lisa Reizig und führt das mit einem Polierwerkzeug vor. »Besonders bei geschwärztem Silber kommen die Konturen so richtig zum Ausdruck.« Wenn die Stücke eine Zeit lang getragen werden, nutzt sich die Oxidation leicht ab, so entstehen erstaunliche Effekte.

Doch nicht nur aus gesammelten Pflanzen erschafft sie ihre Kollektion. »Meine Kunden können mir ihre Erinnerungstücke bringen, egal, worum es sich handelt, zum Beispiel einen Spielzeughund, der sie an einen verstorbenen Liebling erinnert. Ich mache ihnen ein Schmuckstück daraus.«

Adresse Dingworthstraße 14, 31137 Hildesheim , Tel. 0160/6998821 | **ÖPNV** ab ZOB Linie 3 bis Haltestelle Mittelallee | **Öffnungszeiten** Do 10–14 und 15–18 Uhr und nach Vereinbarung | **Tipp** Oberhalb der Mittelallee liegt ein kleiner Park mit dem Aussichtspunkt Berghölzchen, der einen wunderbaren Blick über die Stadt erlaubt.

76 Die Rodelbahn

Wann wird's mal endlich wieder Winter?

»Es rodelt fast die ganze Stadt, voll Lust und voller Kraft. Und wer noch keinen Schlitten hat, der steht dabei und gafft. Denn es gibt mancherlei zu seh'n auf so 'ner Rodelbahn. So mancher schlägt 'n Purzelbaum und streckt sich himmelan. Wenn auch einmal ein Schlitten knickt und das passieret viel, schnell wird er wieder ausgeflickt mit Draht und Besenstiel. Doch abends, wenn die Läden zu, kommt Amor auch zu Wort, das Mädchen hat keine Ruh, sie eilet zu dem Ort. Wo jener Herr zu finden ist, der mittags immer grüßt. Es rodelt sich zu zweien doch, weit besser als allein. Und dann der schöne Heimgang noch, beim trauten Mondenschein.«

So steht es auf einer alten Postkarte aus dem Jahr 1908. Mächtig erhebt sich der Bismarck-Turm über den Galgenberg. Die St.-Andreas-Kirche ragt in die Höhe, und im Hintergrund ist die fortschreitende Industrialisierung durch einen qualmenden Schornstein zu erkennen. Rodeln war und ist ein Spaß für Jung und Alt.

Heute fehlt die Aussicht. Die Andreaskirche ist genauso wenig zu sehen wie der Turm, denn der Oberforstmeister Freiherr Carl von Beaulieu-Marconnay, der uns schon im Kapitel über das Kloster Marienrode begegnet ist, hat den Galgenberg (früher Gallberg, das bedeutet Kahler Berg) aufgeforstet. Schon lange sind die Bäume zu hoch, um irgendetwas anderes zu erblicken als Wald. Die Rodelbahn, die besteht weiterhin. Sie hat mittlerweile sogar drei Bahnen statt einer wie anno dazumal. Was fehlt? Es ist der Schnee. Es hat seit Jahren nicht mehr so viel geschneit, dass man die Bahn vernünftig nutzen könnte.

Aber wer weiß? Vielleicht trifft sich dort ja auch heutzutage das ein oder andere Liebespaar? Im Frühling, Sommer, Herbst oder Winter. Finden Sie es doch selbst heraus! Oder Sie verabreden sich dort mit Ihrer/m neuen Lebensabschnittsgefährtin/en. Ach, wissen Sie was? Das bleibt Ihnen überlassen.

Adresse Mönkemöllerweg, 31141 Hildesheim | ÖPNV ab ZOB Linie 33 bis Haltestelle Klinikum | Öffnungszeiten Berg ganzjährig, Rodelbahn im Winter je nach Schneeverhältnissen | Tipp Der Spanier im Immengarten 5 ist als Studentenkneipe seit Jahren eine feste Institution – nicht nur für Studenten. Neben Tortilla und Calamares wird dort auch eine legendäre Currywurst angeboten.

77_Das Rudolf-Platte-Haus

Warum Rudolf Platte kein Revolverheld war

Im Jahr 1907 zogen die Eltern eines dreijährigen Knirpses nach Hildesheim. Sie ließen sich damals in der Neuen Straße nieder (heute Brühl 32). Etwas später, als 16-Jähriger, war dem Knaben klar, was er werden wollte: Schauspieler! Dies unterscheidet ihn von vielen Jugendlichen von heute, die für die Entscheidungsfindung oft ein Sabbatjahr benötigen. Das Theater in Hildesheim nahm Rudolf Platte auf, nachdem er vor dem Abitur die Schule verlassen hatte.

Doch klären wir erst einmal, was einen Volksschauspieler von einem 08/15-Schauspieler wie zum Beispiel John Wayne unterscheidet. Während der drei Jahre jüngere Amerikaner ständig um sich ballerte, spielte Rudolf Platte lieber Leute wie du und ich. »Das bin doch ich, den der spielt!« Oder: »Das ist mir doch auch schon passiert!« Wenn ein Film oder ein Theaterstück so eine Reaktion bei den Zuschauern auslöst, dann hat ein Volksschauspieler ganze Arbeit geleistet. Er spielt Rollen aus den Leben der Otto Normalverbraucher und bekämpft keine Verbrecher, keine indigene Bevölkerung und keine Schurken. Handlung und Darstellung müssen nicht komisch sein, vielmehr ist es die Eigenart des gespielten Charakters, die den Volksschauspieler ausmacht. Der Darsteller muss weniger spielen, bei ihm kommt die Handlung aus dem Bauch heraus. Die Produktion findet vorwiegend in einem ausgeprägten Lokalkolorit statt.

In mehr als 200 Filmen und unzähligen Theaterproduktionen hat Rudolf Platte mitgewirkt. Den letzten Film »Jakob und Adele« drehte er kurz vor seinem Tod 1984. Mit 80 Jahren. Ob er Hildesheim vermisst hat? Wir wissen es nicht, denn ab 1927 lebte und arbeitete er in Berlin. Die vier Ehen von Rudolf Platte blieben kinderlos. Sein gesamtes Vermögen von zwei Millionen Mark vermachte er einem Fond zur Förderung der SOS-Kinderdörfer.

Zu Ehren von Rudolf Platte ziert heute eine Gedenktafel das Haus Brühl 32.

Adresse Brühl 32, 31134 Hildesheim | ÖPNV ab ZOB Linien 1, 2, 4 bis Haltestelle Bohlweg | Öffnungszeiten nur von außen zu besichtigen | Tipp Besichtigungen machen hungrig. Warum nicht eine Fleischkäsesemmel bei der Fleischerei Lehne holen? Sie zählt zu den besten der Stadt. Lecker sind auch die Wildspezialitäten und die Salami.

78__Schlegels Weinstuben

Altes Haus mit feiner Küche

Leicht zu übersehen ist es, das schiefe Fachwerkhaus, denn es liegt zurückgesetzt an einem Wendeplatz neben dem Roemer- und Pelizaeus-Museum in einer Seitenstraße, die augenscheinlich nur zu einem Parkplatz führt. Aber Eingeweihte wissen, was es mit Schlegels Weinstuben auf sich hat. Auf einem der Fachgewerke steht, dass das Haus um 1540 errichtet wurde. Seitdem dient es einem einzigen Zweck, nämlich dem, Gäste zu bewirten.

Die mittlere Tür führt in den Gastraum. Empfangen wird man mit einer Tafel: »Das Weinstubenteam wünscht Ihnen eine harmonische Zeit in unseren Räumen …«. Was nicht die einzige Begrüßungstafel ist. »Heute freundliche Bedienung – Morgen auch!«, steht auf einer anderen. Zum Lesen kommen die wenigsten Besucher, es sei denn, es handelt sich um die Speisekarte. Die besteht aus einer holzumrahmten Schiefertafel und enthält das übersichtliche, täglich wechselnde Angebot der dargebotenen Gerichte. Nach der Bestellung hat man Zeit, das Ambiente zu bewundern: die heimelig eingerichteten Fachwerknischen mit den weiß gedeckten Tischen, silbernen Kerzenständern und Stoffservietten. Auf den Balken reihen sich Weinflaschen, die neben ihrem schmückenden Dasein als Sichtschutz dienen. Die modernen Holzsprossenfenster passen sich dem historischen Mobiliar an und wirken wie von anno dazumal. Der Boden besteht aus roten Pflastersteinen, die mit Gobelin-Teppichen, an denen schon etwas der Zahn der Zeit genagt hat, belegt sind.

Die Stimmung der Gäste ist locker, fast familiär. Man kommt gern und oft wieder. Denn wer weiß, dass Kochen eine Kunst ist, weiß auch, dass der Besitzer und Koch Jens Rautenberg ein Künstler ist, der seinesgleichen sucht. Jede kredenzte Speise ist ein Kreationstraum. Passend dazu findet sich für jeden Gast ein leckerer Tropfen Wein und zum Abschluss ein Brand aus der Edelbrennerei. Ein Genusserlebnis ist garantiert.

Adresse Am Steine 4, 31134 Hildesheim, Tel. 05121/33133, schlegels-weinstuben.de | ÖPNV ab ZOB Linien 1, 3, 4, 5/43, Haltestelle Museum | Öffnungszeiten Mo–Fr 17–23 Uhr, Sa 18–23 Uhr | Tipp Das Roemer- und Pelizaeus-Museum bietet mehrmals im Jahr hochkarätige Sonderausstellungen, aber auch die Dauerausstellungen zu den Themen Ägypten, chinesisches Porzellan und Alt-Peru sind sehenswert.

79__Das Schulmuseum

Wäre da nur dieser Rohrstock nicht …

Früher war ja alles besser! Stimmt, das waren Zeiten, als der Herr Lehrer mit dem Rohrstock für Zucht und Ordnung im Klassenzimmer sorgte. Da hatten die Kids noch Respekt vor der Obrigkeit und lernten was fürs Leben. Damals, so um 1900. Doch wie war der Unterricht vor den beiden Weltkriegen wirklich? Wer das wissen will, kann dies im Schulmuseum in der Dammstraße hautnah erfahren. Das kleine Museum ist eine Stiftung der Universität Hildesheim. Nach dem Hochwasser 2017, das die Domäne und damit den ursprünglichen Sitz schwer beschädigte, zog es im November 2018 in die Innenstadt, in die Räume der Volkshochschule. Die Ausstellungsstücke bestehen aus altem Schulmobiliar, Unterrichtsmaterialien und einem Schulraum aus der Kaiserzeit, wenn dieser auch nicht ganz einheitlich gestaltet ist. So werden unterschiedliche Schülertische und Bänke nicht nur ausgestellt, man darf auch darauf Platz nehmen. Doch Sie sollten den Unterricht nicht allzu sehr stören. Denn hinter Ihnen steht ein junger Mann mit runder Brille und gestrengem Gesicht, der den besagten Rohrstock in den Händen hält.

Nach Voranmeldung haben die Besucher zusätzlich die Möglichkeit, an einer Schulstunde teilzunehmen oder sich einen von zwei Filmen anzusehen. Einer davon behandelt die ordnungsgemäße Züchtigung von Schülerinnen und Schülern. Zudem gibt es häufig Sonderausstellungen.

Geeignet ist das Museum sowohl für Schulklassen als auch für alle, die ihre Schulzeit noch einmal aufleben lassen wollen.

Egita Priede betreut das Museum mit. Sie ist Lehramtsstudentin der Universität Hildesheim und deutet auf eine Bank. Dabei erzählt sie schmunzelnd: »Ein Fachmann, seines Zeichens Schüler im Hier und Jetzt, fand, dass die alten Schulbänke viel bequemer seien als sein Stuhl im Klassenraum.« Man kann dem nur zustimmen, wenn man an die eigene Schulzeit denkt. Aber dieser Kerl mit dem Rohrstock …

Adresse Pfaffenstieg 4–5, 31134 Hildesheim-Stadtmitte; Stiftung Schulmuseum der Universität Hildesheim, www.uni-hildesheim.de/celeb/projekte/schulmuseum | ÖPNV ab ZOB Linien 1, 3, 4, 5/43, Haltestelle Museum | Öffnungszeiten Sa 11–16 Uhr (nicht in den Schulferien), Workshops und verschiedene Führungen buchbar | Tipp In der Andreaspassage liegt die Eisboutique Da Ginschu, die auch seltene Eissorten wie Roseneis anbietet.

80__Der Seniorengraben

Jonas im Wasser

Diese Geschichte dreht sich um Jonas, und sie spielt am und im Seniorengraben. Jonas? Der, der vom Wal verschluckt und wieder ausgespien wurde? Nein, der nicht. Denn Wale werden in dieser Region eher selten bis gar nicht gesichtet. Demnach wurde Jonas nicht in dieser Gegend vom Wal gefuttert. Dennoch handelt sie von einem Wassertier. Sie handelt von einem Karpfen, um genau zu sein.

Ende der 1960er Jahre lebte der Karpfen im Seniorengraben. Ein Spaziergänger entdeckte ihn und war wegen seiner Größe erstaunt. Schnell sprach sich die Sichtung herum, und der See im Stadtgebiet wurde zu einem beliebten Ziel. So kam der Fisch auch zu seinem Namen. Als »Jonas« wurde der Karpfen rasch zu einer Berühmtheit. Die Spekulationen um seine wahre Größe waren Tagesgespräch. Bei der Beschreibung gingen die Arme manchmal – soweit es ihre Länge zuließ – auseinander, manchmal soll Jonas auch ein wenig kleiner gewesen sein. Die Leute sollen in Scharen gekommen sein, doch nicht jedem war es vergönnt, Jonas auch zu sehen. Eines Tages vermeldete die Hildesheimer Allgemeine Zeitung, dass ein großer Karpfen im Seniorengraben verendet sei. Die Hildesheimer waren sich uneins, ob es sich dabei um ihren Jonas handelte. Wahrscheinlich schon, denn er wurde nicht mehr gesichtet, und die Geschichten um Jonas verebbten schnell.

Karpfen schwimmen im Seniorengraben immer noch herum, allerdings hat es keiner von ihnen jemals geschafft, berühmt zu werden.

Ob die Geschichte um Jonas wahr ist, das weiß heute übrigens niemand mehr so genau. Heute ist der See ein Ziel inmitten der Stadt, an dem Spaziergänger die Hektik hinter sich lassen können. Ob sie nun Enten füttern, sich auf eine Bank setzen und den Tieren beim Schwimmen zusehen, Jonas' Nachkommen suchen oder ob sie sich auf Decken ins Gras legen. Eines sollte man wissen: Früher war der Seniorengraben Teil der äußeren, vor den Stadtmauern gelegenen Wehranlagen.

Adresse Bischofsmühle, Dammstraße 32, 31134 Hildesheim | ÖPNV ab ZOB Linien 1, 3, 4, 5/43 bis Haltestelle Dammtor; Seniorengraben über Bischofsmühle und Fußweg über die Brücke erreichbar | Tipp Warum danach nicht einen Spaziergang durch den Liebesgrund unternehmen? Der setzt sich am Ende des Seniorengrabens nach rechts fort.

81 Die sieben Brüder

Die Hildesheimer Fuggerei

Natürlich ist die Bezeichnung Fuggerei falsch, es müsste Nagel-Schmidtjahnerei heißen, wenn man auf die berühmte Augsburger Sozialsiedlung Bezug nehmen will. Bei den sieben Brüdern handelt es sich um Stiftshäuser. Doch betrachten wir zuerst die Geschichte. Ernestine Schmidtjahn (1797–1867) hatte sieben Brüder. Paul, Wilhelm, Franz-Egon, Levin, Maximilian, Clemens und Floridus. Sie waren die Kinder des Hof- und Medizinalrates Hermann Levin Schmidtjahn. Ernestine heiratete nach Hannover, kehrte jedoch bald wieder als Ernestine Nagel nach Hildesheim zurück. Die Ehe war freudlos und hielt nur kurz, doch es ging ein Sohn aus ihr hervor: Levin Nagel. Besonders glücklich wurde Ernestine auch mit ihm nicht, denn er landete wegen Trunksucht in der Hildesheimer Heil- und Pflegeanstalt.

Ein Jahr vor ihrem Tod setzte Ernestine ein Testament auf. Sie verfügte, dass ihr Vermögen für die Pflege Levins verwendet werden sollte. Falls nach dessen Tod noch Geld übrig sei, sollten damit Stiftshäuser gebaut werden, die einen Bezug zu ihren Brüdern haben müssten.

Nach dem Tod Levins 1877 wurden 1880 sieben zweigeschossige, frei stehende Gebäude u-förmig um einen gemeinsamen Garten mit einem Waschhaus errichtet. Die Namen der sieben Brüder wurden in Sandsteinplatten gemeißelt und an den Fassaden der Häuser befestigt. Nur in der Waschküche gab es Wasser und eine Toilette. Die Häuser boten zwischen 51 und 76 Quadratmeter Wohnfläche, zusätzlich einen Keller und ein Dachgeschoss. Miete mussten die Bewohner anfangs nicht zahlen, dafür gab es keinerlei Luxus.

Vor 40 Jahren wurden die Häuser saniert, erhielten einen Wasseranschluss und Toilettenanbauten. Bis dahin hatte die Miete nur etwa 35 Deutsche Mark betragen. Heute sind es keine Stiftshäuser mehr, sie wurden verkauft und der Erlös einem sozialen Zweck zugefügt. Zu besichtigen sind die denkmalgeschützten Häuser nur von außen.

Adresse Feldstraße 27, 31141 Hildesheim | ÖPNV ab ZOB Linie 4 bis Haltestelle Mendelssohnstraße | Öffnungszeiten nur von außen zu besichtigen | Tipp Am Ende der Feldstraße beginnt am Galgenberg ein kleiner Park mit dem Kriegerdenkmal. Es ist ruhig dort, und die Aussicht über Hildesheim ist sehr schön. Hinter dem Denkmal führt ein Weg zum Bismarckturm.

82 Die Silberfundstraße

Ein sagenhafter Schatz

Am Fuß des Galgenberges, am Rand der Stadt, führt die Silberfundstraße zu einem Wohngebiet mit Mehrfamilienhäusern und dem Landesbildungszentrum für Hörgeschädigte. Der heute bewaldete Höhenzug soll schon seit jeher als Militärgebiet genutzt worden sein. Sein ursprünglicher Name lautete Gallberg, dies bedeutet Kahler Berg. Aus den Zeiten der Germanen finden Interessierte hier Erdwälle, Gruben und Reste einer Verteidigungsschanze im Wald.

Bevor das Wohngebiet errichtet wurde, befand sich an dessen Stelle ein militärisches Übungsgelände, auf dem die preußische Armee im Jahr 1868 eine Schießanlage baute. Bei den Ausschachtungsarbeiten für die Anlage entdeckte der gemeine Soldat August Armbrecht am 17. Oktober 1868 etwa 50 Pfund Silber. Es handelte sich hierbei unter anderem um Schalen, Kandelaber, Gefäße, ein halbes Tafelgeschirr und einen Klappdreifuß. Die von Senator Hermann Roemer, dem späteren Gründer des Roemer- und Paelizäus-Museums, herbeigerufenen Experten bestätigten schnell, dass dieser Fund einen enormen Wert hat. Heute gilt der Schatz als größter römischer Silberfund nördlich der Alpen. Es ist wissenschaftlich belegt, dass die Artefakte aus dem 1. Jahrhundert stammen. So findet sich auf einer besonders beeindruckenden Schale, die die römische Göttin Athena zeigt, eine Punze aus augustinischer Zeit (30 vor Christus – 14 nach Christus). Die Athenaschale und eine schlichte Kelle zählen zu den wertvollsten Stücken.

In Hildesheim sind Repliken im Stadtmuseum, das im Knochenhaueramtshaus beheimatet ist, zu bestaunen. Die Originale befinden sich in den Staatlichen Museen zu Berlin, wo sie gut gesichert schlecht zu sehen sind.

Die Fundstelle selbst ist heute mit Parkbuchten überbaut. Vom Ende der Silberfundstraße führt ein Wanderweg bergaufwärts in den Wald des Galgenberges. Dort wurde ein Gedenkstein an der falschen Stelle aufgestellt.

Adresse Silberfundstraße, 13141 Hildesheim | ÖPNV ab ZOB Linie 4 bis Haltestelle Silberfundstraße, am Ende der Straße Fußweg in den Wald, Denkmal auf der linken Seite | Tipp Auf dem angrenzenden Galgenberg sind viele Wege angelegt. Es gibt auch einen Fitnesspfad, der auf der gegenüberliegenden Seite des Berges beginnt.

83 Der Stammelbach-Speicher

Vergangener Charme und große Kunst

Das Gebäude mutet im Inneren an wie eine verlassene Fabrik. Niedrige Decken, von verputzten Stahlträgern getragen. Nackte Wände. Gitterfenster. Keine Einrichtung, nur ein paar dünne Raumabtrennungen. Nüchterne Lampen. Der Boden: grau gestrichener Estrich. Sonst ist alles in Weiß gehalten. »Das ist durchaus so gewollt«, erklärt Norbert Hilbig die Schlichtheit. Und weiter: »Darum beneiden uns viele große Galerien.«

»Eine Gruppe Hildesheimer Kunstschaffender«, erinnert sich Konrad Krüger, Inhaber der Baustoff-Firma Stammelbach, »suchte vor circa 20 Jahren Ausstellungsräume, und ich besaß dieses ungenutzte Speichergebäude.« Also hat er es den Künstlern zur Nutzung überlassen. Seitdem gibt es »Die Galerie im Stammelbach-Speicher« und einen Verein, der die Galerie führt. »Uns erreicht heute eine Vielzahl von Bewerbungen«, sagt Norbert Hilbig zufrieden, »aber wir stellen hier nur Gegenwartskunst von hoher Qualität aus. Von renommierten Künstlern aus dem Hildesheimer Raum, die sich in den fünf vierwöchigen Veranstaltungen im Jahr mit Kunstschaffenden aus der ganzen Welt abwechseln.«

Dann beginnt er den Rundgang durch die beiden Stockwerke. Demnächst findet die Vernissage für die nächste Ausstellung statt. Alles steht oder hängt bereits an seinem Platz. Jeweils ein Künstler ist auf jeder Etage vertreten. Auf 500 Quadratmetern hat er reichlich Platz. Im oberen Stockwerk stellt ein Fotograf Innenansichten alter Fabrikanlagen auf Alu-Dipond-Drucken aus. Unten zeigt ein Zeichner und Objektkünstler kleine Arbeiten und große Installationen: eine afrikanische Viehherde aus Stahl, einen rostigen Elefanten aus einem Auspuffrohr, aus Knochen und Schrauben gefertigte Gesichter, die auf alte Stempelschatullen montiert sind. Eines wird beim Rundgang klar: Einen besseren Rahmen als dieses Gebäude hätte der Verein nicht finden können.

Adresse Wachsmuthstraße 20–21, 31134 Hildesheim, www.galerieimstammelbachspeicher.de | ÖPNV ab ZOB Linie 3 bis Haltestelle Kardinal-Bertram-Straße | Öffnungszeiten während Ausstellungen Sa, So 11–18 Uhr; Eintritt frei | Tipp Auf der Nordseite des Hauptbahnhofs finden sich ein paar nette Läden, in denen man nicht gerade Alltägliches findet, zum Beispiel afrikanische Waren.

84 Die Stinekenpforte

Domherren und ihre Geschäfte

Der Ort, an dem Stinekenpforte und Hückedahl zusammentreffen, lässt tief blicken. Aber besser mit zugehaltener Nase. Dies gilt zumindest für Zeitreisende, die im Mittelalter unterwegs sind. Doch zunächst klären wir die Begrifflichkeiten.

Wer ins Mittelalter reisen würde, der käme sprachlich nur dann einigermaßen zurecht, wenn er im Hier und Jetzt Platt sprechen würde. Mit dem ist das Niedermitteldeutsche verwandt. Und das wurde in unserer Gegend zu jenen Zeiten gesprochen. Die Stinekenpforte kann mit »Stinkende Pforte« übersetzt werden und Hückedahl mit »Hocke nieder«. Wenn man dann noch bedenkt, dass an dieser Stelle das Flüsschen Treibe oberflächlich verlief, lässt sich entschlüsseln, was man hier so getrieben hat. Der Nähe des Doms geschuldet, waren hier die Aborte der Domherren zu Hildesheim zu finden. Natürlich abgeschottet durch zwei Tore, sodass das gemeine Volk den Domherren nicht bei ihren Geschäften zusehen konnte. Riechen konnte man es allemal, denn die Fäkalien wurden in die Treibe geleitet, und das muss ziemlich grässlich gestunken haben. Hygiene war zu diesen Zeiten wirklich nicht in aller Munde. Und das, obwohl es Vorschriften gab – die halt kaum beachtet wurden.

Irgendwo unter der Straße »(Das) Hückedahl« verläuft der Fluss heute unterirdisch und kanalisiert. Auch in der Stinekenpforte ist normalerweise nicht mehr mit Geruchsbelästigung zu rechnen. Man wandert vom Sankt-Bernward-Krankenhaus schräg gegenüber dem ehemaligen Karthäuserkloster Richtung Dom durch die einstigen Wehranlagen. Ein Hinweisschild verrät, was es mit der Stinekenpforte auf sich hat. Wer die Gasse nicht gedankenlos passiert, wird vielleicht bemerken, wie raffiniert so ein Einlass zu einem Tor war, insbesondere im Fall eines Angriffs. Dieses Gässchen ist auch hübsch anzusehen, und es führt die Besucher auf viel schöneren Pfaden zum Dom als die Treppe am Welterbepfad.

Adresse Hückedahl/Ecke Stinekenpforte, 31134 Hildesheim | ÖPNV ab ZOB Linien 1, 3, 4, 5/43 bis Haltestelle Dammtor | Tipp Ein Besuch des Dommuseums, das mit seinen Schätzen zum Welterbe zählt, ist Pflicht.

85 Das Stullehaus

Alles nur Fassade

Drei Gebäude mit ein und derselben Fassade? Das klingt gewöhnlich und stinklangweilig. Das ist es aber nicht, denn hier geht es um eine Fassade, die drei nacheinander gebaute beziehungsweise im Bau befindliche Häuser zierte und zieren wird.

In der heutigen Osterstraße 1B wurde in der Spätgotik ein Steinhaus errichtet, welches über dem Eingangstor ein Wappen mit der Aufschrift »ANO MCCCCCIIII«, also der Jahreszahl 1504, trug. Auf einem weiteren Wappen fand man die Inschrift »1535 – Henni vam Haghen – Ludeken Zeliger Son Fecit«. »Henning vom Hagen, Sohn des verstorbenen Ludeke, machte dies 1535«. So steht es im Deutschen Inschriftenkatalog, Rubrik Hildesheim.

Im Krieg war es der einzige Bau im Quartier, der zumindest teilweise nicht zerstört wurde. Überreste der alten Fassade, deren Hingucker ein imposantes Eingangsportal war, wurden vor dem Neubau stehen gelassen. Das ist Lotte Babatz, geborene Stulle, zu verdanken. Sie hat 1950 den Familienbetrieb in dritter Generation übernommen. Der Wiederaufbau muss sie enorme Mühen gekostet haben, denn die Banken gaben ihr keine Hypothek. Die Begründung würde heute vermutlich einen Shitstorm, Sitzblockaden und Demonstrationen auslösen. Die Ablehnung wurde nämlich damit gerechtfertigt, dass sie eine Frau sei. So schuf sie nach und nach einen Gebäudekomplex, den jeder Hildesheimer kannte: die Stulle Stahl GmbH, die sich bis in die Jakobistraße erstreckte.

2011 zog die Firma auf ein größeres Gelände um. 2017 beschloss man, die Stulle-Häuser abzureißen. Nicht aber die denkmalgeschützte Fassade. Diese sollte erhalten bleiben. Die Abrissarbeiten begannen im Frühjahr 2019. Dazu wurde die Fassade abgestützt, und wenn alles gut geht, wird sie in ein paar Jahren den dritten Bau in Folge zieren. Der bekannte, fast wie mit einem Füller gezogene Schriftzug »Wilhelm Stulle« wurde für 500 Euro für einen guten Zweck versteigert.

Adresse Osterstraße 1B, 31134 Hildesheim | ÖPNV ab ZOB Linie 5/43 bis Haltestelle Rathausstraße | Öffnungszeiten nur von außen zu besichtigen | Tipp In der Osterstraße 16 befindet sich »The Wild Geese Irish Pub«. Neben Guiness, Kilkenny und Cider werden kleine Speisen angeboten. Samstags mit Livemusik.

86__Die Sülte

Kloster, Irrenhaus, Nobelunterkunft

Sülte ist schon ein seltsamer Name für einen Ort. Leitet man das Wort jedoch vom lateinischen Sulza ab, wird die Bedeutung eher klar. Sulza bezeichnet nämlich eine Solequelle. Doch dieser Ort vor dem ehemaligen Ostertor der Stadtbefestigung soll eine schreckliche Gegend gewesen sein. Ein Sumpf, in dem Tag und Nacht furchtbare Erscheinungen die sowieso schon abergläubischen Menschen in Angst und Schrecken versetzt haben sollen. Bischof Godehard machte »mit dem Kreuze und den Reliquien der Heiligen« dem Spuk ein Ende und gründete dort 1025 eine Kapelle und ein Pilgerhospital. In neun Jahren wurde es zum Kloster erweitert, das zweimal zerstört wurde. 1556 im Zuge der Reformation und im Dreißigjährigen Krieg.

1848 wich es einer Heil- und Pflegeanstalt für psychisch kranke Menschen, zu dieser Zeit wurden solche Einrichtungen »Irrenanstalt« genannt. Die hatte einen beachtlichen Ruf, denn sie war deutschlandweit die größte und angesehenste Anlage. Der berühmteste Insasse war wahrscheinlich der spätere Serienmörder Fritz Haarmann, dessen Diagnose »unheilbarer Schwachsinn« lautete.

Haarmann teilte die Ansicht der Ärzte nicht und entwich mehrmals. 1924 wurde er wegen 24-fachen Mordes an Knaben und jungen Männern überführt und ein Jahr später mit dem Fallbeil hingerichtet. Ob er das Fleisch der Opfer tatsächlich in Konservendosen verkauft hatte, konnte allerdings nie nachgewiesen werden. Götz George spielte ihn im Film »Der Totmacher« intensiv überzeugend.

Im Zweiten Weltkrieg dienten die Gebäude als Militärlazarett und danach wieder als psychiatrische Anstalt, bis 1976. 24 Jahre lang standen die Gemäuer leer, ehe aus ihnen das Vier-Sterne-Dorint-Hotel Sülte Hildesheim wurde, nun ein Novotel.

Die Sültequelle gibt es immer noch. Sie ist ein Sammelbecken, das überdacht wurde. Heute speist sie den Seniorengraben im Liebesgrund. Bei diversen Veranstaltungen kann das Bauwerk von innen besichtigt werden.

Adresse Bahnhofsallee 38, 31134 Hildesheim | ÖPNV ab ZOB Linie 2, 4, 6 bis Haltestelle Almstor; Quelle über Hotelgelände erreichbar, rechten Weg am Hotel vorbei nehmen | Öffnungszeiten nur von außen zu besichtigen | Tipp Wende's Festtagsbäckerei ist ein Café mit Bäckerei, das leckere Kuchen anbietet. Es gibt auch einen Mittagstisch (Einumer Straße 13).

87 Das Teufelshorn am Dom

Da glühen glatt die Hörner durch

Wer mit Hilfe eines Stadtplans oder dem Welterbe-Band folgend zum Dom wandert, wird über die Treppe zwischen Landessozialamt und Katholischer Familienbildungsstätte geleitet. Das ist schade, denn der Zugang hinter dem neuen Anbau des Dommuseums ist viel schöner. Hier betritt man den Domhof durchs Hintertürchen und kommt direkt am Teufelshorn vorbei. Es ist auf der Seite des vorderen Nebeneingangs in Augenhöhe zu finden. Dabei handelt es sich um eine geheimnisvolle Verfärbung auf dem Sandstein des Gebäudes. Und die hat die Form eines Horns. Doch hatte hier wirklich Satan seine Finger im Spiel?

Es gibt mehrere Geschichten, die sich um die Entstehung ranken: Erstens: Im 11. Jahrhundert brannte der Dom ab. Der Dombaumeister stellte einen Bauhelfer an, der einen zügigen Wiederaufbau versprach. Als dem Meister klar wurde, wer da für ihn arbeitete, behielt er den Lohn ein. Da versuchte Satan, das Gotteshaus umzurennen. Das hinterließ jedoch keinen bleibenden Eindruck, nur den Hornabdruck. Zweitens: Während der Stiftsfehde 1367 flehte Fürstbischof Gerhard von Berg Gott um Hilfe an. Denn die gegnerischen Truppen waren haushoch überlegen. Der Teufel belauschte ihn, wobei sich dessen Horn an der Außenmauer abzeichnete. Die Hildesheimer gewannen durch eine List, und der Bischof ließ als Dank die Kuppel des kleinen Turms vergolden. Drittens: Ein Mönch predigte einst vor den Toren des Doms über die Bösartigkeit des Teufels. Unter den Zuhörern war ein großer Mann mit Hut. Der Gottesmann erkannte den Kerl und sprach: »Der Teufel an der Wand, hört seine eig'ne Schand«. Da wurde Satan so wütend, dass seine Hörner zu glühen begannen. Er hinterließ den Abdruck eines Horns an der Mauer.

Geologen behaupten, es handle sich bei der Verfärbung um eine Laune der Natur. Ach Leute, das ist öde! Für welche Wahrheit Sie sich auch immer entscheiden, sicher ist: Als Höllenfürst hat man es nicht leicht.

Adresse Domhof 17, 31137 Hildesheim-Stadtmitte | ÖPNV ab ZOB Linien 1, 2, 4 bis Haltestelle Bohlweg | Öffnungszeiten Mo–Fr 10–18 Uhr, Sa 10–16.30 Uhr, So 12–17.30 Uhr | Tipp Das Ristorante Da Filippo in der Dammstraße 10 gegenüber dem Roemer- und Pelizaeus-Museum ist für seine hervorragende italienische Küche bekannt. Fast zu schade, um nur eine Pizza zu essen.

88__Das Uhrenatelier

Der Zahn der Zeit nagt auch an Uhren

Wenn der Zahn der Zeit an Uhren nagt, müssen sie zum Uhrmacher. Doch die wenigsten Uhrmacher machen noch Uhren. Nicht so die Uhrmachermeister Michael Manßhardt und Sven Kurzidim, die mit ihrem Geschäft 2019 von Bockenem nach Hildesheim gezogen sind. An zwei Standorte. Sven Kurzidim repariert am Ostertor 6A mechanische Armbanduhren, während sich Michael Manßhardt in der Orleansstraße 13 auf die Instandsetzung und Restaurierung alter und antiker Uhren spezialisiert hat.

Es ist ein heller Raum mit großer Schaufensterfront. »Die Leute sollen sehen, wie ich arbeite. Meine Werkstatt ist hier, direkt im Laden«, erzählt Michael Manßhardt. Derzeit arbeitet er am Uhrwerk einer Standuhr mit einem zeitgenössischen Gemälde auf der Vorderseite. Eine reizvolle Hightech-Handarbeit, gefertigt um 1740 von Gerrit Knip in Amsterdam. Sie zeigt die Mondphasen, Monate, Tage, Stunden, Minuten und Sekunden an. Das Uhrwerk sieht aus, als käme es direkt aus der Herstellung, das Messing glänzt wie neu. »Ich habe sie gereinigt, und nun geht es an die Regulierung des Werks und an die Justierung. Die Einstellung des Kalendariums ist sehr aufwendig, damit es genau um Mitternacht umspringt.«

Alte Taschenuhren haben es ihm angetan. Er öffnet eine aus dem 19. Jahrhundert, sodass man das Werk sehen kann. Winzige Zahnräder greifen ineinander, einige drehen sich schnell, andere zucken im Sekundentakt. »Wir kaufen alte Furnituren von Uhrmachern, die ihr Handwerk aufgegeben haben, damit wir möglichst originale Ersatzteile zur Verfügung haben. Teile, die wir nicht haben, fertigen wir selbst an«, so Manßhardt. Eine Drehbank, eine Standbohrmaschine und eine Fräse stehen in der Werkstatt. »So halten Uhren mit ein paar hundert Jahren auf dem Buckel noch mal so lang.« Und wenn Michael Manßhardt eine Arbeit beendet hat, geht die Uhr höchstens ein paar Sekunden vor oder nach, so genau justiert er sie.

Adresse Großuhren: Ostertor 6A, 31134 Hildesheim-Stadtmitte, www.mk-uhrenatelier.de; Kleinuhren: Orleansstraße 13, 31135 Hildesheim | **ÖPNV** ab ZOB Linie 5/43 bis Haltestelle Ostertor | **Öffnungszeiten** Großuhren: Mo, Di, Do, Fr 10–13.30 und 14.30–18 Uhr, Mi 10–13.30 Uhr, Sa 10–14 Uhr; Kleinuhren: Di, Do 10–13 und 14–18 Uhr | **Tipp** In Godi's Backstube in der Orleansstraße 68 gibt es Brot, das wie vor 40 oder 50 Jahren gebacken wird.

89 Die Volkssternwarte

Das Hildesheimer Fenster zum All

Ende des 19. Jahrhunderts wollte die Bürgerschaft der Stadt einen Aussichtsturm haben. 1886 wurde er schließlich eingeweiht und erhielt den Namen Gelber Turm, da er mit Backsteinen dieser Farbe errichtet worden war. Und er steht noch heute auf dem Spitzhut, einem der Gipfel des Galgenberges. Ein paar Jahre zuvor hatte man damit begonnen, den Galgenberg als Naherholungsgebiet aufzuforsten (siehe Ort 75).

Ende des letzten Jahrhunderts sollte der Turm abgerissen werden, er war baufällig geworden. Die Hildesheimer wussten dies zu verhindern. Ein Verein zur Rettung des Turms wurde ins Leben gerufen, er wurde saniert und blieb erhalten. Da man von der Aussichtsplattform nicht nur einen guten Blick auf die Stadt, sondern auch auf den Sternenhimmel hat, sollte er zu einer Volkssternwarte umfunktioniert werden. Und man setzte das größte Spiegelteleskop Südniedersachsens auf die Plattform. War der Turm zuvor knapp 16 Meter hoch, maß er nun 28 Meter. 2002 war es so weit. Neun Jahre später wurde der Verein Hildesheimer Gesellschaft für Astronomie gegründet. Er fördert Astronomie in den Schulen, aber auch die astronomische Forschung. Damit die Volkssternwarte ihrem Namen gerecht wird, können Interessierte immer freitags ohne Anmeldung zum Gelben Turm kommen. Wenn bei schlechtem Wetter der Blick ins All verwehrt ist, gibt es ersatzweise ein Planetariumsprogramm mit dem Beamer. Bei wolkenfreier Sicht darf jeder ans computergesteuerte Teleskop. Es handelt sich hierbei um ein Spiegelteleskop vom Typ Cassegrain mit 60 Zentimetern Öffnung und 480 Zentimetern Brennweite. Doch um das Fenster zum All genießen zu können, sind erst einmal 134 Stufen zu bewältigen.

Derzeit wird bei Lechstedt, einem Ortsteil von Bad Salzdetfurth, ein zweiter Standort geplant. Ein Wissenschaftsstandort am Rand von Hildesheim soll es werden, mit einer für Ausbildung und Forschung nutzbaren Sternwarte.

Adresse Galgenberg, 31141 Hildesheim | ÖPNV ab ZOB Linie 33 bis Haltestelle Klinikum | Anfahrt Parkplätze am Hotel Brockenblick und an der Jahnswiese, Weg zum Turm ausgeschildert | Öffnungszeiten jeden Fr, Infos und Termine unter www.astronomie-hildesheim.de | Tipp Sehenswert sind die beiden Hochbehälter des Wasserwerks Ortsschlump oberhalb der Mozartstraße. Gebaut im Stil der Neogotik und mit Zinnen versehen, kann man sie fast für Türme einer Burganlage halten.

90_Die WEINkostBAR

Im Wohnzimmer des Bürgermeisters

Hand aufs Herz: Wie viele Häuser kennen Sie, in denen ein richtiges Haus steht? Es werden nicht allzu viele sein. Die Rede ist vom Anbau des Hotels Bürgermeisterkapelle in der Rathausstraße. Ein recht modernes Bauwerk, das in seinem Inneren genau diese Überraschung verbirgt. Wer das erste Mal die WEINkostBAR betritt, wird stutzen, denn die Rückwand gegenüber dem Eingang wirkt alles andere als modern, sondern uralt, inklusive Eingangstür. Uralt ist sie übrigens auch, denn das, was der Besucher zu sehen bekommt, ist die Kemenate von Jost Brandis und seiner Frau Anna Varhirher, der von 1519 bis 1596 hier lebte und wirkte. Unter anderem als Bürgermeister von Hildesheim. Zu jener Zeit sah alles ein wenig anders aus. Hier stand nämlich das Anwesen der Patrizierfamilie Brandis. Die Kemenate war das steinerne Hinterhaus, das beheizbar war (Caminata bedeutet Feuerstätte oder Kamin).

Als die Rathausstraße bis zur Zingel verlängert wurde, riss man das Vorderhaus im 19. Jahrhundert ab. 1925 eröffnete im erhalten gebliebenen Teil ein Weinlokal mit Weingarten. Im Zweiten Weltkrieg wurde das Obergeschoss zerstört, das Erdgeschoss blieb jedoch stehen. Fünf Jahre nach Kriegsende öffnete das Weinlokal wieder, ehe es 1994 im Zuge der Hotelerweiterung vollständig überbaut wurde.

Rüdiger Schärling, der Pächter der WEINkostBAR, ist schon ein wenig stolz darauf, dass ein Teil seines Weinlokals ein Denkmal ist. Unter Einbeziehung der städtischen Denkmalpflegerin Dr. Maike Kozok und einer Restauratorin wurde die Kemenate unter denkmalpflegerischen Aspekten saniert.

Vielleicht bekommt der Besucher nach der Besichtigung Lust auf Steinpilzravioli oder eine Currywurst, die aus Galloway-Rindern aus Rhüden, dem Tor zum Harz, hergestellt wird. Oder auf ein schönes Glas Wein. Wenn man so will, im ältesten Weinlokal Hildesheim, wenn auch das moderne Äußere kaum darauf schließen lässt.

Adresse Rathausstraße 8, 31134 Hildesheim, Tel. 05121/2813475, www.weinkostbar-hildesheim.de | ÖPNV ab ZOB Linie 5/43 bis Haltestelle Rathausstraße | Öffnungszeiten Di–Sa ab 18 Uhr, bei Besichtigung kein Verzehrzwang | Tipp Das Brot der WEINkostBAR kommt von der Bäckerei Safft in der Goschenstraße 41. Gemeinsam mit dem »Herrn von Myra« stehen beide Bäckereien auf dem Siegertreppchen ganz oben.

91__Das Welterbeband

Die Straße des Lichts

Über Sinn und Unsinn kann man trefflich streiten. Aber es hat doch etwas Schönes an sich, auch wenn der Sinn seines Daseins im Verborgenen bleibt. Immerhin wurde es 2015 mit dem »Deutschen Lichtdesign-Preis« ausgezeichnet. Die Rede ist vom Welterbeband. Dieses geleitet die Touristen vom Marktplatz über 1.200 Meter zu den beiden UNESCO-Weltkulturerbe-Stätten, dem Mariendom und der Michaeliskirche. Das Welterbeband besteht aus 3.000 Granitplatten, dazwischen eingelassenen LED-Bändern und Leuchtstelen. Startet man am Marktplatz, zeigt es den Weg in die Fußgängerzone und von dort über die Schuhstraße in die Kreuzstraße.

Die Heilig-Kreuz-Kirche wird von vielen Besuchern leider links liegen gelassen. Zu Unrecht, denn es handelt sich um eine ehemalige Toranlage aus dem 9. Jahrhundert. Sie wurde damals zum Schutz des Doms errichtet. Erst nach dem Bau der Bernwardsmauer ließ Bischof Hezilo das Tor zu einer Kirche umbauen. Sie fasziniert architektonisch von außen wie von innen.

Das Welterbeband bringt den Besucher nun geradeaus weiter am Landessozialamt vorbei bis zum Dom. Hat man den Dom und das Museum ausgiebig besucht, geht es ein kurzes Stück auf einem historischen Stück Weg weiter. Der Rennstieg führt vom Dom bis nach Winzenburg. Belegt ist dieser Kurierweg seit dem 9. Jahrhundert. Er wurde Renniphat genannt. Nach dem Paulustor kommt man wieder auf weltliches Gelände, denn nun bringt das Welterbeband den Wanderer zum zweiten Weltkulturerbe, der Michaeliskirche.

Was hat es allerdings mit der eingangs erwähnten Frage nach Sinn und Unsinn auf sich? Die Leuchtstelen und die LED-Bänder sind mit der Straßenbeleuchtung gekoppelt. Und die brennt nur, wenn die beiden Kirchen geschlossen sind. Tagsüber kann man sich gut an den Granitplatten orientieren, und in der Nacht, wenn die Beleuchtung eingeschaltet wird, ist das Welterbeband einfach nur schön anzusehen.

Adresse Markt 1, 31134 Hildesheim | ÖPNV ab ZOB Linie 5/43 bis Haltestelle Rathausstraße | Tipp »Dut is de garen mathe«, »Das ist das Garnmaß«, so steht es – vom Marktplatz aus betrachtet – am linken hinteren Ende an der Wand des Rathauses. Die Länge der eingemeißelten Inschrift entspricht einer Elle. Eine weitere Elle findet sich links vor dem Abstieg zum Ratskeller. Die Hildesheimer Elle war 67 Zentimeter lang.

92 Das Wernersche Haus

Ein Haus, das Geschichten erzählen kann

»Mich ärgert es schon«, sagt Klaus Hahne, »wenn die Leute an meinem Haus vorbeigehen, vielleicht mal ein Foto knipsen und dann weitergehen.« Recht hat er, denn er wohnt in einem Fachwerkhaus, das vor 414 Jahren errichtet wurde und das zu den zwei beträchtlichsten Bauten der Stadt zählt. Das Wernersche Haus wurde in einem Mischstil aus deutscher und italienischer Renaissance gebaut. Anfangs hatte es ein Flachdach, später wurden zwei Anbauten, ein weiteres Geschoss und ein Satteldach hinzugefügt. Bauherr war im Jahr 1606 der bischöfliche Sekretär Philip Werner.

»Es war nicht einfach, das Haus wieder in den wahrscheinlichen Ursprungszustand zu versetzen«, erzählt Klaus Hahne. Ein Jahr Vorplanung und Differenzen zwischen der zuständigen Hildesheimer Denkmalschutzbehörde und demselben Ressort des Landes zogen sich lange hin. Und schlimmer noch: »Nach dem Krieg wurden einige Bausünden begangen, denn mein Haus hatte nicht diese Fensterfront, die war zugemauert.« Bilder von vor 1976 zeigen, dass statt der Glasfassade neun Fenster eingebaut waren. Aber Recherchen hätten ergeben, dass die Fassade mit dem Schnitzwerk und den Brüstungsbildern so ausgesehen haben muss, wie sie es heute wieder tut.

Bei der Wiederherstellung wurden ausschließlich Materialien eingesetzt, die es auch 1606 gab. Dies gilt insbesondere für die Farben der Fachgewerke und der Bildtafeln. Man hat sogar festgestellt, dass die Balken der beiden Anbauten etwas heller gestrichen waren als die des Hauptgebäudes. Einen Kompromiss musste Klaus Hahne eingehen: Ein moderner Firnis schützt die Farben vor der ultravioletten Strahlung, nachdem ein alter Firnis sich als ungeeignet erwiesen hatte.

Also definitiv ein Grund, das Wernersche Haus genauer zu betrachten. Es ist eine einzigartige architektonische Leistung des Besitzers, das Gebäude wieder so herzustellen, wie es einst errichtet worden war.

Adresse Godehardsplatz 12/Hinterer Brühl 12A, 31137 Hildesheim | ÖPNV ab ZOB Linie 2 bis Haltestelle Wollenweberstraße | Öffnungszeiten nur von außen zu besichtigen | Tipp Hinter der Godehardikirche beginnt der Ehrlicherpark. Teiche und ein Bach laden zum Entspannen ein, für die Kinder gibt es Spielplätze.

93 Der Laves-Kulturpfad

Eine Pyramide und ein Tempel im Wald

Zweifelsohne, in und um Derneburg kann man schön wandern. Zwischen Innerste und Nette, den beiden Flüsschen, die kurz nach dem Ort zusammenfließen, gibt es einige Seen und Teiche. Hier kann man stundenlang bei der Vogelbeobachtung verweilen. Die Fischerhäuschen in der Schloßstraße sind schöne Fotomotive, ebenso wie das Schloss selbst. 32 Jahre lang gehörte es dem Künstler Georg Baselitz. Von ihm sind noch einige Skulpturen im Schlosspark zu sehen. Das Schloss und der Park sind heute im Besitz des Kunstsammlers Andrew J. Hall. Schloss und Park können besichtigt werden. Die Eintrittspreise schrecken zwar ab, sie liegen (inklusive Kaffee oder Tee und Gebäck) zwischen 30 und 75 Euro, der Besuch lohnt allerdings, die wechselnden Ausstellungen sind beeindruckend.

Aber das ist nicht alles, was Derneburg zu bieten hat. Hinzu kommen noch das Glashaus, das Kutscherhaus, dazu der Tee-Tempel, eine Pyramide und die Lavesbrücke, erbaut von Georg Ludwig Friedrich Laves in der Zeit von 1830 bis 1839. Die Bauwerke stehen in einem ehemaligen englischen Landschaftsgarten, der heute ein Wald ist. Verbunden sind sie durch den Laves-Kulturpfad.

Doch Moment mal! Pyramide und Tempel? Im Hildesheimer Land? Durchaus. Die Besucher sollten jedoch keine Cheops-Pyramide mit knapp 140 Metern Höhe erwarten, die in Derneburg bringt es auf gerade einmal 10,5 Meter. Sie wurde nach ägyptischem Vorbild als Mausoleum erbaut. In ihr ruhen einige Familienmitglieder des Grafen Ernst zu Münster sowie er selbst. Deshalb darf man das eingezäunte Gelände um die Pyramide auch nicht betreten. Sie ist von einer Mauer umgeben, aber durch ein gusseisernes Tor zu sehen. In Anlehnung an einen griechischen Tempel entstand der Tee-Tempel. Man sollte nicht enttäuscht sein, Tee gibt es dort nicht. Und die Lavesbrücke über die Nette ist ein zierlicher Bau, der allerdings 1992 rekonstruiert wurde.

Adresse Schloßstraße 17, 31188 Holle-Derneburg | ÖPNV ab ZOB Linie 34 bis Haltestelle Schloßstraße Derneburg; oder RB 10 vom Hauptbahnhof Hildesheim bis Bahnhof Derneburg | Tipp Das Glashaus ist ein Café, in dem auch gutes Essen serviert wird. Derzeit wird es renoviert. Die Baumaßnahmen sollen 2020 abgeschlossen sein.

94 Das Forum Heersum

Ein Dom ist nicht genug!

Alljährlich veranstaltet das Forum Heersum aus dem gleichnamigen Ort seine Sommertheaterspektakel. Die sind mittlerweile bis weit über die Landesgrenzen hinaus bekannt. Und sie sind spektakulär. So wurde 2011 zum Beispiel ein mehr als zehn Meter hohes Piratenschiff durch ein Getreidefeld gefahren. 2014 brachte das Forum für Kunst und Kultur einen aufblasbaren Nachbau des Hildesheimer Doms nach Rom und in den Vatikan. Papst Franziskus zeigte Humor und gab dem begehbaren Gebäude seinen Segen. Der päpstlich gesegnete Gummidom spielte 2015 eine Rolle im Theaterstück »Im Namen der Rose«. Zwei Filme darüber finden sich auf der Webseite des Vereins. Das Hotel Rose wurde nach dem Zweiten Weltkrieg am Marktplatz errichtet. Der Betonbau wich zum Glück dem neuen Historischen Markt.

Was in den 1990er Jahren mit kleinen Veranstaltungen begann, wurde danach immer imposanter, und man bezog Museumseisenbahnzüge oder die Mülldeponie in Heinde mit ein, auf der mächtige Baumaschinen Autos zertrümmerten. Eines haben diese Landschaftstheater gemein, sie spielen an verschiedenen Orten, und die bis zu 1.000 Zuschauer pro Vorstellung wandern von Ort zu Ort zu den unterschiedlichsten Bühnen.

Große Namen sind keine Seltenheit, wenn beispielsweise James Bond in Rhene die Einwohner vor einem mit einer Monsterrakete bewaffneten Hakelmann, der dem echten Diktator Kim Jong-un ähnelt, rettet. Das Forum überzieht das Hildesheimer Land seit 2017 mit einem U-Bahn-Netz. In jedem Ort, in dem sie spielen, hinterlassen sie eine U-Bahn-Station oder zumindest ein U-Bahn-Stations-Schild. Spaß ist garantiert, wenn das Forum mit einer etwa 200 Beine zählenden Theatergruppe ankommt, vom laienschauspielernden Baby bis zum Profischauspieler ist alles dabei.

Die Vereinszentral ist der Semperopel, ein neu gestalteter Zirkuswagen, der zumindest zu Nichtspielzeiten in Heersum steht.

Adresse An der Bundesstraße 1, 31188 Holle-Heersum, www.forumheersum.de | **ÖPNV** ab ZOB Linie 34 bis Haltestelle Heersum | **Öffnungszeiten** zu Spielzeiten, Infos siehe Webseite | **Tipp** Im Familienpark Sottrum wird das Riesenrad per Fahrradantrieb bewegt. Außer den beiden Hüpfburgen gibt es keine strombetriebenen Fahrgeschäfte.

95__Lawela

Hand in Hand

Spielzeug aus Plastik sollte eigentlich verpönt sein. Und warum muss in der Küche oder im Büro Kunststoff vorherrschen, wenn Holz doch viel schöner und nachhaltiger ist? In Lamspringe werden solche besonderen Dinge hergestellt, und zwar von Mitarbeitern, die stolz darauf sind, bei Lawela, einem Unternehmen mit sozialem Auftrag, zu arbeiten.

Die Arbeit geschieht unter fachlicher Anleitung, denn die Produkte werden von Menschen mit verschiedenen Arten und Graden von Behinderungen geschaffen. Der Leitfaden der Lammetalwerkstätten ist abgeleitet von den Aborigines, bei denen ein jeder das Recht hat, vorurteilslos in die Gesellschaft aufgenommen zu werden. 450 Frauen und Männer arbeiten hier Hand in Hand, und einige von ihnen stellen die Artikel her, die im Lawena-Geschäft verkauft werden. Die Weiterbildung bei der Arbeit und die Selbstverwirklichung im Wohnbereich, all das wird in den Werkstätten und im Laden gelebt. Im Lammetal finden die Menschen ein Zuhause. Dort werden sie geachtet und respektiert, wie sie sind. Das eigene Leben selbstbestimmend mitzugestalten ist wohl eine der wichtigsten Aufgaben überhaupt.

In den Werkstätten werden hauptsächlich Holz und Metall zu Produkten verarbeitet, die die Kunden im Geschäft käuflich erwerben können. Schauen Sie sich die Gesichter der Holzengel an, sie spiegeln die Lebensfreude der Hersteller wider. Mit übergroßen Holzbuchstaben macht Kindern das Lernen doppelt Spaß. Oder vielleicht rocken sie lieber mit der Kindergarderobe »Gitarre« ab, als dort ihre Regenmäntel aufzuhängen. Es werden verschiedene Frühstücksbrettchen angeboten, die den Fußballfan und den Tierliebhaber verzücken, und die Büroutensilien reichen von der Brillennase, einer Brillenablage, bis zur Stiftebox, die jedes Männerherz höherschlagen lässt, denn die kommt als Trabbi oder VW Bus daher.

Adresse Hauptstraße 78/80, 31195 Lamspringe, Tel. 05183/501150, www.lawela.de | ÖPNV RB 79 ab Hauptbahnhof Hildesheim bis Bodenburg Endhaltestelle, dann Linie 41 bis Haltestelle Lamspringe Hauptstraße Wester | Öffnungszeiten Mo–Fr 9.30–12.30 und 15–18 Uhr, Sa 9.30–12.30 Uhr | Tipp Wenn man schon einmal in Lamspringe ist, lohnt sich ein Spaziergang durch die Hauptstraße, die sehr viele alte Bauwerke aufweist. Im Klosterpark entspringt in einer Quellgrotte die Lamme. Der Name hat nichts mit dem Lamm gemein, sondern ist indogermanischen Ursprungs (»Lam« bedeutet übersetzt Sumpf oder morastige Wiese).

96__Die Sophienkirche

Das Gelübde des Lithografen

Micha Kloth ist im Hildesheimer Land und weit über die Grenzen Deutschlands hinaus sicher kein unbekannter Künstler. Drei der modern gehaltenen Windbretter an der Fassade des Knochenhaueramtshauses stammen von ihm. Seine Gemälde zieren auch das Innere der Sophienkirche in Lamspringe. Er wurde hier in der Gemeinde geboren, der Lithograf und Kunstschaffende lebt und arbeitet auch heute noch dort.

Vor ein paar Jahren erkrankte seine Mutter schwer und fiel ins Koma. Während sie um ihr Leben kämpfte, saß Micha Kloth häufig in der Sophienkirche. Als sein Blick auf die zwölf leeren Emporenflächen fiel, legte er ein Gelübde ab. »Wenn sie das überleben sollte, dann werde ich diese Kirche mit meinen Bildern auf eigene Kosten ausschmücken.« Micha Kloths Mutter wurde wieder gesund. Der Künstler hatte nicht vor, sein Versprechen zu brechen, sondern ging mit dem Pastor Stephan Gensicke zum Landeskirchenamt. Anfangs wurde das Vorhaben skeptisch betrachtet, schließlich konnte Micha Kloth das Kollegium von seinen Plänen überzeugen.

In seinem Atelier auf dem Klostergelände malte er zwischen 2005 und 2007 mit speziellen Künstlerbuntstiften die zwölf farbenfrohen, leicht abstrakten Bilder, die das Kirchenjahr behandeln. Eines zeigt ein Holzboot, das von einem Fisch getragen wird. Im Inneren des Bootes steht die Sophienkirche. Als Vorbild nahm Micha Kloth das Kirchenlied »Ein Schiff, das sich Gemeinde nennt«.

Zur Einweihung sprach die damalige Landesbischöfin Margot Käßmann in ihrem Grußwort folgende Worte: »Herzlichen Dank für dieses Geschenk, das ja selbst ein Dank für ein neu geschenktes Leben ist.« Die Bilder kamen in der Gemeinde sehr gut an, auch wenn sie einigen Leuten ein wenig zu bunt waren. Micha Kloth bekam im Anschluss den Auftrag, auch das Altarbild zu gestalten, sodass nun 13 seiner Arbeiten die kleine Sophienkirche schmücken.

Adresse Hauptstraße 120A, 31195 Lamspringe | **ÖPNV** RB 79 ab Hauptbahnhof Hildesheim bis Bodenburg Endhaltestelle, dann Linie 41 bis Haltestelle Lamspringe Hauptstraße | **Öffnungszeiten** zu Gottesdienstzeiten, www.michakloth.de/galerie | **Tipp** Von Lamspringe nach Bad Gandersheim führt der zwölf Kilometer lange Skulpturenweg, ein Rad- und Wanderweg. 13 Skulpturen, darunter »Begegnung« (1998) von Andrzey Irzykowski, zieren ihn.

97_Der Konfluenzpunkt 52/10

Hier gibt es nichts zu sehen

Warum sollte man einen Ort gesehen haben, an dem es absolut nichts zu sehen gibt, abgesehen von brauner fruchtbarer Erde und bäuerlicher Bepflanzung? Selbst spirituell veranlagte Menschen werden nichts Besonderes empfinden, wenn sie sich hier aufhalten. Und dennoch ist eine Wanderung zu diesem Ort etwas Ausgefallenes, das Ziel ist einzigartig auf der Welt. Er befindet sich auf einem Acker, etwa einen Kilometer südlich des kleinen Dorfes Evensen. Die Gemeinde hat gerade Mal 140 Einwohner, doch die sind stolz darauf, dass ihr Dorf an einem von deutschlandweit nur 46 ähnlichen Punkten liegt, nämlich einem Konfluenzpunkt. Evensen hat dabei ein Alleinstellungsmerkmal.

Die wenigsten Leser werden spontan wissen, was Konfluenzpunkte eigentlich sind. Es sind die Schnittstellen, an denen sich geografische Längengrade und Breitengrade kreuzen. Auf dem Feld bei Evensen treffen der 52. nördliche Breitengrad und der 10. Längengrad aufeinander. Das tun sie weltweit nur ein einziges Mal.

Am Ortseingang gibt es eine Tafel, die auf den Konfluenzpunkt hinweist. Wegweiser gibt es keine. Nur mit einem globalen Positionsbestimmungssystem (GPS), einem Smartphone mit einer entsprechenden App oder einem Navigationsgerät kann die richtige Stelle gefunden werden.

Damit es doch etwas zu sehen gibt, haben die Einwohner ein kleines, eingezäuntes Meridiandenkmal geschaffen. Auf einem nach den Himmelsrichtungen ausgerichteten beschrifteten Sockel ist eine stilisierte stählerne Weltkugel angebracht. Ein Stab zeigt die Stellung der Erde zur Sonne an, die sie an vier Tagen im Jahr um 12.20 Uhr innehat. Auf einer Hinweistafel sind ein paar Erklärungen zu lesen. Um das Denkmal zu besichtigen, läuft man zurück auf den Weg, der in den Wald führt. Nach etwa 200 Metern steht das Ziel auf der rechten Seite. Und warum sollte man den Konfluenzpunkt 52/10 besuchen? Weil er im Hildesheimer Land liegt.

Adresse Westerbeeke, 31196 Lamspringe-Evensen | Anfahrt Evensen auf der Straße Westerbeeke in Richtung Harbarnsen verlassen und den ersten Feldweg links zum Wald nehmen, am Waldrand entlang wieder auf Evensen zulaufen bis kurz vor die Stelle, an der der Weg eine 90-Grad-Biegung macht | Tipp Etwa auf der Hälfte der Strecke (L 466) zwischen Lamspringe und Glashütte findet sich der Grillplatz »Schwarzes Holz«. Es gibt Hütten und eine Toilette auf dem Parkplatz (Anmeldung bei der Gemeinde Lamspringe erforderlich).

98 Die Kunstzelle

Die Telefonzelle aus der Kreidezeit

Wer hier telefonieren möchte, sollte zwei Dinge mitbringen: eine Leiter und ein Smartphone. Denn in dieser Telefonzelle gibt es keinen Anschluss. Die Telekom weigert sich nämlich strikt, den Fernmünzsprecher ans öffentliche Netz anzuschließen. Das Objekt ist ein Präsent eines Kunden aus Bayern und thront in zwei Metern Höhe auf einem Baumstumpf, der auf dem Anwesen der Kreidezeit Naturfarben GmbH steht.

Der bayerische Künstler hat Telefonzellen vor der Verschrottung gerettet. Er verputzte sie, zeichnete im Inneren telefonierende Männchen auf die Scheiben und nannte die Kunstobjekte Kleinkunstzellen. Warum er vom fernen Bayern nach Harbansen fuhr, um dem Eigentümer der »Kreidezeit« Gert Ziesemann die Zelle zu schenken, ist nicht überliefert. Allerdings wusste der mit diesem Geschenk nicht viel anzufangen. Es stand so lange auf dem Gelände herum, bis einige alte Pappeln gefällt werden mussten.

Einer der Arbeiter, ein Baggerfahrer, der die Telefonzelle entdeckte, hatte einen spontanen Einfall, und Ziesemann war sofort von der Idee begeistert. Kurzerhand wurde ein Loch ausgebaggert und ein mehrere Meter hohes Stammteil darin eingegraben. Darauf hievte der Baggerführer die Zelle. Ebenfalls durch einen Zufall entstand die »Kreidezeit«. In den 80er Jahren wurde in der Nordsee Dünnsäure verklappt, ein Rückstand aus der Titanweißherstellung. Dies hatte ein großes Robbensterben zur Folge. Gert Ziesemann machte sich deswegen auf die Suche nach umweltfreundlicheren Verfahren zur Herstellung von Farben. Schließlich gründete er eine Firma, die sich ganz auf die naturbewusste Farbherstellung spezialisierte.

Heute werden in der »Kreidezeit« konsequent Pulverfarben hergestellt, auf allergene Konservierungsstoffe wird verzichtet. Dies ist fast ein Alleinstellungsmerkmal, denn die gesamte ökologische Farbherstellung in Deutschland beträgt weniger als ein Prozent.

Adresse Kassemühle 3, 31196 Lamspringe-Harbarnsen | Anfahrt Kunstzelle am Abzweig der Landstraßen L 489/L 490 nach Harbarnsen | Tipp Mitten im Ort steht die ehemalige Schnapsfabrik, in der der »von-Cramm-Weizenbrand« hergestellt wurde. Sie war eine der führenden Brennereien Niedersachsens. Heute wuchert wilder Wein über das hübsche Gebäude.

99 Die Irmensäule

Eine Säule für Irmin

Was Menschen schon immer perfekt beherrschten, ist, andere zu ihren Ahnen zu schicken. Besonders inbrünstig betreiben das diejenigen, die Andersgläubige mit Waffen davon überzeugen wollen, dass ihr Gott der einzige und wahre Gott ist. Das war früher so und ist es auch heute noch. Und wie wird es in der Zukunft sein? Es ist mehr als fraglich, ob der Mensch jemals vernünftig wird.

Im Jahr 772 unterwarf Karl der Große die Sachsen (Ostfalen), die auch den späteren Landkreis Hildesheim besiedelten. Er versuchte, die Stämme zu christianisieren. Heidnische Ritualplätze wurden dabei rigoros zerstört. So eine Stätte soll es bei dem heutigen Irmenseul gegeben haben: eine Irmensul (Irmensäule). Das Wort kann mit Große Säule oder Predigersäule übersetzt werden. Der siegreiche König ließ die Säule zerschmettern. Es galt, brutal den Glauben an den Gott Irmin (wahrscheinlich ein anderer Name für Saxon) zu unterbinden.

Mit den Franken zogen Bischöfe und Mönche ins Land und bauten Kirchen und Klöster. Das gefiel den Sachsen gar nicht, und sie nutzten die Abwesenheit des Heeres, um in einem Aufstand die christlichen Gebäude niederzureißen und abzubrennen. Viele tausend Menschen verloren ihr Leben. Als jedoch der Sachsenherzog Widukind sich 785 zum Christentum bekannte, kehrte Frieden ein. Die Trümmer der Irmensul sollen später nach Hildesheim gebracht worden sein, um darauf den Mariendom zu errichten.

Die Irmensul wurde allerdings nie vergessen. Erstmals 1298 wird der Ort Irmenseul als Ermensulle urkundlich erwähnt. Anfang der 1990er Jahre wurde die Geschichte des Dorfes aufgearbeitet, und der Heimatverein entschloss sich, die Irmensul wieder aufzubauen. Am 19.10.1996 wurde sie eingeweiht. Auf einem neun Meter hohen Eichenstamm sitzt nun ein Radkreuz mit einem Durchmesser von 1,6 Meter. Welche Götter die Irmenseuler wohl anbeten? Eine christliche Kapelle haben sie jedenfalls.

Adresse Alte Bergstraße, 31097 Lamspringe-Irmenseul | Anfahrt Auto im Ort parken, nach dem Ortsausgang links den Berg hinaufwandern Richtung Wasserwerk, Säule hinter dem Gelände, Hinweisschild folgen | Tipp Viele Hildesheimer meiden den Roten Berg, weil die L 485 ja nicht ohne ein paar Serpentinen auskommt. Landschaftlich sehr schön und noch ein wenig kurvenreicher ist die L 469 zwischen Adenstedt und Sack bei Alfeld.

100_Die Leineauen

Die Rückkehr der Natur

Fährt man mit der Hannöverschen Südbahn, also der historischen Strecke von Alfeld aus mit dem Zug Richtung Hannover, sollte man sich auf die rechte Seite des Zugs ans Fenster setzen. Denn die Strecke berührt zwischen Banteln und Wülfingen häufig die Leine. Bei Wülflingen kann man auch einen Blick auf das neugotische Schloss Marienburg werfen. Danach trifft man den Fluss erst wieder in der Landeshauptstadt an, führen die Hannoveraner ihre Frauen bekanntlich doch an der Leine aus. Sollen sie ruhig!

Bleiben wir auf der anderen Seite des Flusses von Betheln kommend. Von welcher Seite auch immer, die Wege führen in die Leineauen am Rammelsberg, einem Elze zugehörigen Naturschutzgebiet. Gemächlich mäandert die Leine durch die Landschaft, verzweigt sich in unzähligen Nebenflüsschen, die an anderer Stelle wieder zurückfließen. Einige Altarme sind zu umwandern. Geprägt ist der Verlauf der Leine von Auwaldresten und einer vielfältigen Vogelfauna und Flora. Gelegentlich zieht ein Rudel Rehe durch die Gegend. Eisvögel lassen sich mit Glück beobachten. Es besteht keine Gefahr für das Auto, denn nur landwirtschaftlicher Verkehr ist hier zugelassen. Die Wege sind genau für diesen Zweck angelegt, deshalb enden sie manchmal in einem Feld. Eine gute Karte, analog oder digital, ist Ortsfremden zu empfehlen. Dafür wird man belohnt. Um die Leine herum wurden für den Ackerbau genutzte Flächen zugunsten der Natur umgewandelt. Dort haben sich staudenreiche Brachflächen entwickelt, Magerrasen und Streuobstwiesen.

Laut dem niedersächsischen Landesbetrieb für Wasserwirtschaft, Küsten- und Naturschutz (NLWKN) konnten in diesem Bezirk wertvolle Bereiche der Flussaue gesichert oder wiederhergestellt werden. »Ziel ist es, diese Kernbereiche langfristig zu stabilisieren und in ein gebietsübergreifendes Fließgewässer-Schutzsystem einzubinden.« Was sehr amtlich klingt, ist einfach nur schön!

Adresse Radebrecher 25, 31171 Nordstemmen-Burgstemmen | ÖPNV ab ZOB Linie 51 bis Haltestelle Burgstemmen; von dort Weg in die Obere Straße nehmen, links halten und weiter in die Leineauen | Tipp Biegt man von der Oberen Straße links auf die Straße Berkel ab und nimmt die erste Abzweigung wieder links, gelangt man zum Andrea-Hilse-Park, einem Landschaftspark mit vielen Spazierwegen und drei Seen.

101 Die Mühle Malzfeld

Es klappern die Mühlen am rauschenden Bach …

Klappern tut hier nichts mehr, und der Bach ist eher ein kleines Flüsschen. Etwa 2,5 Kilometer vor Ruthe, wo die Innerste in die Leine fließt, passiert sie ein historisches Gebiet. Denn in der Mühlenstraße zu Sarstedt stand einst die erste Handelsmühle im Königreich Hannover. Das Müllerhandwerk an dieser Stelle geht mindestens bis auf das Jahr 1333 zurück. 20 Jahre später wurde die Mühle Eigentum des Hildesheimer Fürstbischofs Heinrich III. von Braunschweig-Lüneburg. 1734 wurde ein neues Mühlengebäude eingeweiht und ein neues Wehr errichtet. Teile dieses Wehres stehen auch heute noch. Zu sehen sind sie vom gegenüberliegenden Innerste-Ufer aus. Das Gebäude ist in Gelb und einem etwas verblassten Rot gehalten. Es sind die Farben von Sarstedt. Eine Tafel erinnert an das Baujahr und an die Übernahme durch Ernst Malzfeld im Jahr 1854. Gemahlen wurde die Marke »Austria-Mehl«, weil zu dieser Zeit Österreich-Ungarn für seine hochwertigen Backwaren bekannt war, davon wollte man profitieren.

Andreas Gleim, der mit einer geborenen Frau Malzfeld verheiratet ist, führt die Mühle heute in sechster Generation. Doch Mehl wird seit 1965 nicht mehr produziert, sondern Energie. Das Wasserkraftwerk besteht auch heute noch. Eine der Turbinen wurde im Jahr 2020 erneuert, die ältere funktioniert mit einem Keilriemen, der ein im Durchschnitt gut vier Meter messendes Rad antreibt.

Die Silos und Nebengebäude stehen dabei nicht leer, sie sind an kleine Firmen vermietet oder an Musikgruppen, die dort ihre Proberäume haben. Auch ein kleines Museum gibt es, in dem zum Beispiel die Geräte ausgestellt sind, die im Laufe der Zeit für die Buchhaltung benutzt wurden: vom dicken, handbeschriebenen Hauptbuch bis zum antiken Computer.

Auch ohne Führung lohnt ein Blick auf die Anlage, sei es auf die mehr als 100 Jahre alten Silos oder den Abzweigkanal der Innerste.

Adresse Mühlenstraße 2, 31157 Sarstedt, www.muehlemalzfeldt.de | ÖPNV ab ZOB Linie 21 bis Haltestelle Sarstedt Ried, danach etwa ein Kilometer Fußweg | Öffnungszeiten Führungen für kleine Gruppen von zehn bis 20 Besuchern nach Voranmeldung möglich, von außen immer zu besichtigen; Wehr von der anderen Seite der Innerste sichtbar | Tipp Die Villa Steinberg (Am Steinberg) ist eine historistische Villa aus dem späten 19. oder frühen 20. Jahrhundert. Im Volksmund wird sie Glitzerburg genannt, da Teile der Bausteine grün glasiert wurden. Bei Sonnenschein glitzert das Gebäude deshalb.

102 Die Fastnachthochburg

Auf zur Mädchenversteigerung

Nein, so einfach ist es nicht, ein Hottelner Mädchen zu ersteigern. Da muss man schon Mitglied der Hottelner Junggesellenkompanie sein.

In Hotteln gibt es seit Generationen ein Fastnachtsbrauchtum, das seinesgleichen sucht. Um es zu finanzieren, versteigern die Junggesellen im November unverheiratete kinderlose Hottelnerinnen. Ohne dass diese dabei sind. Sozusagen eine Blindversteigerung der Frauen. In ewig langen Runden werden bei Cola, Bier und Kräuterschnaps die Einsätze immer höher. Und am Ende einer langen Nacht wird die Teuerste zur Miss Hotteln gekürt. Die erfährt es erst am nächsten Tag, wenn die Jungs wieder nüchtern sind.

Am Wochenende vor Fasching findet der traditionelle Fastnachtsumzug statt. Die Junggesellen werfen sich in wilde Kostüme, und das halbe Dorf ist auf den Beinen. Es geht von Haus zu Haus, um Eier- und Wurstspenden zu sammeln. Überall stehen Tische mit stärkenden Nahrungsmitteln (also Bier, Sekt und Schnaps) und Häppchen. Und ein paar Junggesellen machen es sich zur Aufgabe, Hintern zu versohlen oder die Haare der Mitziehenden zu färben. Nach dem Umzug werden übrigens die Eier gebraten, und die Wurst wird dazu gegessen. Ein Ereignis, das dem Zusammenleben im Dorf sehr zugutekommt.

Lara Hantelmann, die gekürte Miss Hotteln 2020, ist sehr stolz auf ihren Titel. »Das ist eine ziemlich große Ehre«, sagt sie und freut sich auf den Abend. Dann geht der Spaß weiter. Bis er mit dem eigentlichen Grund ihrer Wahl endet. Das alljährliche Fastnachtsvergnügen, bei dem auch das beste Kostüm prämiert wird, endet mit dem Putzentanz. Jeder Junggeselle tanzt dann mit seinem Mädchen. Der letzte Tanz jedoch ist der Miss Hotteln vorbehalten. Ob sie allerdings jemals erfahren wird, welcher Junggeselle sie ersteigert hat, steht in den Sternen, denn auch dieser Tanz findet kostümiert statt. Anlass für das lustige Treiben soll übrigens eine Sage sein.

Adresse Startpunkt des Umzugs: Dorfgemeinschaftshaus Hotteln, Hottelner Str. 24, 31157 Sarstedt-Hotteln | ÖPNV S 4 ab Hauptbahnhof Hildesheim bis Bahnhof Sarstedt, dann Linie 211 bis Haltestelle Hotteln Schulgasse | Öffnungszeiten Infos unter www.jghotteln.wordpress.com | Tipp Der Dorfladen in der Marktstraße 14 in Bolzum ist ein Gesellschafterprojekt, das den Anspruch hat, Grundversorgung anzubieten und dabei ein sozialer Treffpunkt zu sein. Aus dem Nachbarort Lühnde werden die Produkte von Buschbecks Brau- und Limonadenmanufaktur verkauft.

103 Die Wüstung Delm

Die Wüstung lebt

Zuerst klären wir mal die Frage, was eine Wüstung ist. Bei einer Wüstung handelt es sich um einen Ort, der irgendwann, meist im Mittelalter oder in der Frühen Neuzeit, aus irgendeinem Grund aufgegeben wurde. Im Falle Delms war der Grund die Hildesheimer Stiftsfehde, die 1519 begann und im Jahr 1523 endete. Die Bewohner siedelten sich in den umliegenden Dörfern an. Wüstungen gibt es wie Sand am Meer. Diese hier lebt allerdings. Drei Eichen, ein Schild mit dem Hinweis auf den Ort und eine Informationstafel finden sich in einer Einfriedung.

Es existieren somit keine Gebäude, dennoch hat Delm Bürger, die nicht im Freien leben müssen, und einen Bürgermeister. Dieser verwaltet die Gemeinde von Ingeln aus, das ist ein Stadtteil von Laatzen. Weiterhin gibt es einen Rechnungsführer, der traditionell aus Hotteln kommt.

Um nach Delm zu kommen, läuft man etwa einen Kilometer, denn es führen nur Feldwege, die nur für die Landwirtschaft freigegeben sind, dorthin. Ein Jäger mit seinem Hund erzählt, dass das ganze Land hier Delmer Land sei, über 2.800 Hektar. Delm sei eine Realgemeinde. Es handelt sich dabei um eine Grundgenossenschaft, die auf eine mittelalterliche Flurverfassung zurückgeht. Dabei haben alle Bauern mit Landbesitz und einem Hof ein gemeinsames Nutzungsrecht. Es ist übrigens unmöglich, sich die Mitgliedschaft zu erkaufen. Die einzige Möglichkeit, Delmer zu werden, ist eine Erbschaft oder die Heirat mit einem Delmer oder einer Delmerin.

Von Hotteln aus kommend, markiert der Feldweg vor den Delmer Eichen die Landkreisgrenze, direkt dahinter liegt Delm. Man verlässt den Landkreis Hildesheim nur für ein paar wenige Schritte. Wer sich nicht auf hannoversches Gebiet wagen mag, kann Delm auch vom 400 Meter südlich gelegenen Delmer Berg aus besichtigen. Der Aufstieg ist einfach, denn ein Feldweg führt über den Gipfel der gut und gern 103 Meter hohen Erhebung.

Adresse Delmweg, 31157 Sarstedt-Hotteln | Anfahrt am Sportplatz parken, nach rechts in Feldweg abbiegen und circa 1,3 Kilometer bis Delm | Tipp Dass man für Qualität etwas mehr zahlen muss, ist verständlich. Wer schon mal ein Freilandhuhn gegessen hat, wird nie wieder auf Wiesenhof oder Discounterfleisch zurückgreifen. In Lühnde kann man regionale Freilandhähnchen und Bio-Rindfleisch aus artgerechter Haltung erwerben (www.luehnder-freilandhaehnchen.de).

104_Das GEO600

Nobelpreis inbegriffen

Wenn bei Star Trek mal wieder ein Planet explodiert, rasen Gravitationswellen auf die Enterprise zu und rütteln das Raumschiff gehörig durcheinander. Der wissenschaftliche Offizier hat einige Erklärungen parat, die sich cool anhören, die aber kaum einer draußen vor dem Fernseher versteht. Um diese Wellen im Hier und Jetzt auf unserer Erde messen zu können, bedarf es allerdings zumindest einer Supernova, also der Explosion eines Sterns in der Milchstraße und einer sehr komplizierten Technik auf der Erde.

Dass es solche Wellen gibt, hat Albert Einstein 1916 beschrieben. 99 Jahre später wurde erstmals eine Gravitationswelle, verursacht durch die Kollision zweier schwarzer Löcher, nachgewiesen. Bei dem Projekt haben 1.500 Forscher weltweit, darunter 200 aus Ruthe und Hannover – unter anderem vom Max-Planck-Institut für Gravitationsphysik und der Leibniz-Universität –, mitgearbeitet. Für all diese Wissenschaftler gab es 2017 den Physik-Nobelpreis. Den nahmen jedoch stellvertretend drei ältere Herren aus Amerika in Empfang. Das GEO600, ein erdgestützter, interferometrischer Gravitationswellendetektor, ist Teil einer weltweiten Forschungsgemeinschaft, der LIGO Scientific Collaboration und der Virgo Collaboration. In Ruthe und Hannover wurde unter anderem die Lasertechnik entwickelt, die nun in aller Welt genutzt wird. Trifft eine Gravitationswelle auf die Erde, wird der Raum gedehnt und gestaucht, das Laserlicht, das durch zwei je 600 Meter lange Vakuumröhren, die im Winkel von 93 Grad zueinander angeordnet sind, geschickt wird, gerät in Schwingung. Ändert sich die Länge der Welle um mehr als 10–23, ist eine Gravitationswelle nachgewiesen.

»Mittlerweile ist die Technik so weit entwickelt, dass mit dem gesamten internationalen Netzwerk an Detektoren etwa einmal pro Woche das Verschmelzen zweier schwarzer Löcher gemessen werden kann«, erzählt Dr. Benjamin Knispel vom GEO600.

Adresse Schäferberg, 31157 Sarstedt-Ruthe, www.geo600.org/2337/de | Anfahrt in Ruthe auf dem Schäferberg aus dem Ort hinausfahren, nach Abzweig in Jagdweg nächsten Weg links nehmen | Öffnungszeiten nach Voranmeldung und bei mindestens sieben Teilnehmern Besichtigungstermin über www.geo600.org buchbar; einmal im Jahr Tag der offenen Tür, Infos siehe Webseite | Tipp Nördlich von Ruthe, wo die Innerste in die Leine fließt, beginnen die Leineauen. Inmitten der Seenplatte steht ein Aussichtsturm, der eine phantastische Aussicht bietet. Für Vogelfreunde eine ideale Location.

105 Das Schlachtfeld

Die drei Schlachten von Dinklar

Die Braunschweiger waren in früheren Zeiten ein nachtragendes und einnehmendes Völkchen mit einer ausgeprägten Will-haben-mein-sein-Mentalität. So nahmen sie beispielsweise den Goslarern den Rammelsberg ab, weil darin wertvolle Erze zu finden waren. Im Hildesheimer Land ging es bei der Schlacht von Dinklar um territoriale Ansprüche der Welfen. Sie wollten sich »ihr« Land zurückholen, das sie wegen der Reichsacht gegen Heinrich den Löwen 1180 verloren hatten. Schauplatz war eine Wiese unweit von Dinklar.

Zeitwechsel: die Gegenwart. Die Kuh rupft am Gras und hat keine Ahnung, auf welch historischen Grund sie ihre Fladen fallen lässt. Insgesamt drei Schlachten wurden hier geschlagen. Am 3. September 1367 trafen hier zwei Armeen aufeinander. Das Hochstift Hildesheim unter Bischof Gerhard von Berge kämpfte gegen die weitaus überlegene Armee Herzogs Magnus von Braunschweig. Es war die größte Schlacht, die jemals im Hildesheimer Land stattgefunden hat. Obwohl die Hildesheimer zahlenmäßig weit unterlegen waren, gewannen sie durch eine Kriegslist des Gottesmannes. Möglicherweise hatte der Bischof eine Reliquie im Ärmel. Er schüttelte vor seinen Soldaten die Arme. Dazu rief er: »Männer, haltet aus! Ich hab 1.000 Mann im Ärmel!« Er befahl einen nächtlichen Überraschungsangriff und löste eine Massenpanik unter den Braunschweigern aus.

2016 spielte das Forum Heersum die Schlacht auf seine ureigene, unblutige Art und Weise nach. Sie endete in einer Tortenschlacht, und viele Gäste kugelten sich vor Lachen. Etwas ernster war die Nachstellung ein Jahr später, denn die Dinklarer hielten sich wesentlich enger an die historischen Fakten, als sie der größten Schlacht im Hildesheimer Raum vor 650 Jahren mit einer Darstellung gedachten.

Schön, dass die Braunschweiger heute etwas friedlicher sind. Zumindest gibt es keinen Streit mit Hildesheim mehr, nur ein wenig mit Hannover.

Adresse einstiges Schlachtfeld an der heutigen Straße An der Wiese, 31174 Schellerten-Dinklar | ÖPNV ab ZOB Linie 31 bis Haltestelle Dinklar | Anfahrt von Bettmar kommend kurz nach Dorfeinfahrt links auf die Straße Kleine Seite abbiegen, nächste Straße ebenfalls links abbiegen, Parkplätze am Sportplatz | Tipp Zwei Dörfer weiter in Richtung Hildesheim, in Einum, gibt es den Selbsterntegarten Vorstadtgemüse. Es handelt sich um einen sogenannten Mietgarten zur Gemüse-Selbsternte, frei nach dem Motto: »Vor den Toren der Stadt findest du dein Gartenglück.«

106 Der Rote Berg

Zerrissene Vorhänge und hochdrehende Motoren

»Der Rote Berg? Das ist doch der mit den Serpentinen! Nein, nicht mit mir!« So, oder so ähnlich, muss es in den Köpfen mancher Hildesheimer Autofahrer vorgehen, wenn sie an eine Fahrt in den südlichen Landkreis denken. Insbesondere dann, wenn es Richtung Alfeld geht. Für Motorradfahrer ist der Rote Berg dagegen ein Eldorado. Manch einer übertreibt es bisweilen und rast ständig hin und her. Für die arbeitende Bevölkerung, die den Berg überquert, aber auch für Anwohner kann das in Stress ausarten. Doch es lohnt sich, den Roten Berg zu überwinden, denn dahinter liegen etliche Orte, die man gesehen haben sollte. Eigentlich könnte man ein Buch mit dem Titel »111 Orte hinterm Roten Berg, die man gesehen haben muss« schreiben.

Der Orkan Friederike hat im Januar 2018 eine Schneise der Verwüstung gezogen. Die oft mehr als 70 Jahre alten Bäume fielen um, wie Streichhölzer. Die Sturmschäden sind nicht zu übersehen. Die abgebrannte Waldgaststätte hat jemand angemalt, unter anderem mit einem Astronauten, der im Weltall schwebt. Auf einer Brachfläche wachsen Sonnenblumen. Nicht wenige Menschen versorgen sich im Sommer hier mit einem Blumenstrauß. Das dürfte kein Problem darstellen, denn sie werden im Herbst eh untergepflügt.

Für eine Szene im Film »Der zerrissene Vorhang« verlegte Meisterregisseur Alfred Hitchcock Teile des Hildesheimer Landes kurzerhand in die DDR. So wurden Busszenen am Heidekrug (1:18:34) übrigens in die falsche Richtung und am Roten Berg (1:21:33) gedreht. An der Abzweigung nach Gronau (ab 1:22:13) steigt eine alte Dame in den Bus, dann geht es über den ehemaligen Bahnübergang am Ortseingang von Sibbesse. Die Zwischenszenen, zum Beispiel die Buskontrolle durch die Volkspolizei, wurden aber woanders gefilmt. Bevor es also zum Sonntagsausflug über den Roten Berg geht, ist der alte Film aus dem Jahr 1966 nun Pflichtprogramm!

Adresse L 485, 31079 Sibbesse | ÖPNV ab ZOB Linie 44 bis Haltestelle Altes Forsthaus | Tipp Der Fernmeldeturm auf dem benachbarten Griesberg ist bei klarer Sicht sogar aus Braunschweig zu sehen. Zur Erwanderung sollte man ein Navigationsgerät mitnehmen, es gibt eine Vielzahl von Wegen. Ein Paradies für Mountainbiker und Wanderer.

107_Das Niemandsland

Eine Straße führt nach Nirgendwo

Ups, was ist das denn? Wir befinden uns auf einer Straße zwischen Adenstedt und Harbarnsen. Egal, woher man kommt, sie endet nach etwa einem Kilometer. Die beiden Dörfer wollten sich einst verbinden, dann gerieten sie jedoch in Streit. Und zwar darüber, dass die Bauern des anderen Dorfes die Straße ebenfalls mit ihren Traktoren nutzen wollten. Aber diese ständigen Fahrten mit den schweren Maschinen würden doch die neue, so schön asphaltierte Straße kaputt machen! Der Streit endete mit dem Einstellen der Bauarbeiten. Sie wird wohl niemals fertiggestellt werden, denn heute spricht man von einer »gewachsenen Struktur«. Allerdings wurde das fehlende Mittelstück dann doch geschottert.

Dafür hat sich die Natur dieses Stück Erde zurückerobert. Die gesamte Allee ist am Rand mit alten Apfelbäumen gesäumt. Große ausgehöhlte Astlöcher dienen den Staren als Bruthöhlen. Auf dem von der Sommersonne aufgewärmten Schotter sonnen sich Eidechsen. Wespenspinnen drehen ihre Spinnweben-Nester in den Bäumen. Der Waschbär hat sich am durchfließenden Bach einen Bau errichtet. Und ein Rehbock führt in der Dämmerung seine Damenherde zum Äsen auf die umliegenden Äcker. Auch der Fuchs ist hier heimisch und lässt sich nicht durch den Menschen stören. Ein Ort, an dem sich Fuchs und Hase Gute Nacht wünschen, ist es nicht, denn über allem schwebt der Rote Milan und grüßt mit seinem schrillen Schrei.

Im Sommer ziehen die Fahrzeuge eine mächtige Staubwolke hinter sich her, und im Winter ist das ein oder andere Auto schon in hohen Schneeverwehungen stecken geblieben. Die Einwohner beider Dörfer nutzen diese Straße als Abkürzung. Ortsfremde, die sich auf ihr Navigationsgerät verlassen, drehen kopfschüttelnd wieder um, oft handelt es sich hier um Motorradfahrer. Sie sollten bleiben und einen Augenblick verweilen. Denn hier im Niemandsland hat sich ein besonderes Stück Natur entwickelt.

Adresse Alfelder Straße 1, 31079 Sibbesse-Adenstedt | Anfahrt am Ortsende von Adenstedt geradeaus bis nach Harbarnsen | Tipp In Ruthe bei Sarstedt beginnt der »Radweg zur Kunst«, der durch Hildesheim, Bad Salzdetfurth, an Harbarnsen vorbei und bis nach Bad Gandersheim führt. Er verspricht prächtiges Fachwerk, romantische Winkel und Skulpturen (Gesamtstrecke: 60 Kilometer).

108 Die Museumsbahn

Das Schnaufen der Schunter

Es ist schon eine Weile her, dass sie das letzte Mal geschnauft hat, die Schunter. Seit fünf Jahren steht sie aufgebockt im Lokschuppen und wird restauriert. Und zwar von Freiwilligen, die sich ein Leben ohne ihre Nassdampf-Tenderlokomotive Preußische T3 nicht mehr vorstellen können. Die 1901 von Hanomag in Hannover gebaute Dampflok ist der Star auf dem Museumsbahnhof. Sie ist auch die erste Lokomotive, die in Niedersachsen unter Denkmalschutz gestellt wurde. Als der Kessel nach 100 Jahren am Ende war, musste er erneuert werden. Einen Dampfkessel kann man allerdings nicht im Baumarkt bestellen, bei Amazon auch nicht, also musste einer gebaut werden. Dazu beauftragte der Verein eine Firma.

Die Schunter ist nicht das einzige geschichtsträchtige Gefährt des Vereins »Arbeitsgemeinschaft Historische Eisenbahn«. Unzählige Waggons und dieselbetriebene Lokomotiven, darunter die Dieselrangierlokomotive 450C aus dem Jahr 1964, stehen auf den Gleisen. Sie können immer besichtigt werden.

Das Stationsgebäude stammt noch aus der Zeit der Eisenbahnstrecke Elze–Bodenburg, der sogenannten Almetalbahn (benannt nach dem Bach Alme). Allerdings wurde der Bahnhof Segeste-Almstedt in den 1990er Jahren um 150 Meter versetzt und gedreht. Der Lokschuppen war ehedem in Bad Grund im Harz beheimatet.

Wer jedoch lieber auf den Zügen, vielleicht sogar im Führerstand, mitfahren oder einmal die Holzklasse ausprobieren möchte, der kann dies auf den mehrmals im Jahr stattfindenden Bahnhofsfesten tun. Die Strecke führt über 800 Meter bis zu einem Grillplatz. Nicht nur für Kinder ist das ein Vergnügen, auch manche Erwachsene bekommen leuchtende Augen, wenn der Star des Museums an ihnen vorbeischnauft. Natürlich ist das die Schunter. Und die soll Ende 2020 wieder in Betrieb gehen. Nicht nur deshalb sind einige der Vereinsmitglieder fast jedes Wochenende auf dem Bahnhof anzutreffen.

Adresse Bahnhofsallee 25, 31079 Sibbesse-Almstedt, www.almetalbahn-online.de | Anfahrt Museumsbahnhof auf halber Strecke zwischen Segeste und Almstedt auf der linken Seite auf dem Gelände eines Landhandels | Öffnungszeiten Gelände immer zugänglich, mehrere Bahnhofsfeste pro Jahr | Tipp Wer sich für Züge begeistert, hat auf halber Strecke zwischen Westfeld und Petze die Gelegenheit, diese zu fotografieren. Der Weg führt über die Hochgeschwindigkeitsstrecke. Hier hat man kilometerweite Sicht und kann beobachten, wie die Züge aus dem Eggebergtunnel kommen oder in ihn hineinfahren.

109 Die Wernershöhe

Natur pur und schöne Aussichten

Im Abschnitt über das Welterbeband sind wir ihm schon einmal begegnet. Und hier in den Vorbergen zwischen Sibbesse und Alfeld begegnen wir ihm erneut: dem Rennstieg, der vom Hildesheimer Dom bis zum Berg Hohe Schanze bei Winzenburg führt. Dabei handelt es sich um einen historischen Kurierweg, der im 9. Jahrhundert erstmals Erwähnung fand. 2002 wurde er als Fernwanderweg durch den Harzklub wieder eingeweiht. Natürlich kann man die gesamten 38 Kilometer erwandern, aber dieses Kapitel handelt von der Wernershöhe.

Die Gebäude rund um den Parkplatz gehören zur Kulturherberge, ehemals Jagdsitz der Grafen von Wrisbergholzen. Dort informiert eine Tafel über Flora und Fauna. Hinter dem Waldrand beginnt das Naturschutzgebiet. Rund um die Herberge finden sich einige steinerne Kunstwerke. Läuft man nach rechts, kommt man am sogenannten Steinacker vorbei. Ein hoher Jägerstand lädt vielleicht zur Wildbeobachtung ein, die Wälder hier sind sehr reich an Rot- und Schwarzwild. Doch hier oben gibt es auch seltene Pflanzen zu entdecken. Hier wachsen Enzian und Orchideen. Und es gibt Pflanzen zu sehen, die sich auf der Roten Liste befinden. Dazu gehören der Kleine Frauenspiegel, der Venuskamm, Kornblumen und Ackerlichtnelken.

Die Artenvielfalt ist groß und schützenswert. Bei einer Fachtagung 2012 waren die 60 teilnehmenden Botaniker begeistert von den vielen seltenen Pflanzen und Wildkräutern. Laut ihnen gibt es nirgends in Niedersachsen ein vergleichbares Areal. Wer den Weg weiterläuft, kommt in den Genuss, Alfeld aus luftiger Höhe zu betrachten. Überhaupt bieten sich hier Fernsichten weit ins Hildesheimer Land und darüber hinaus. Klare Sicht vorausgesetzt. Leider war es hier nicht immer so friedlich wie heute. Im Zweiten Weltkrieg war hier eine Aufklärungsstaffel der Luftwaffe stationiert. Im Grunde wandert man auf der ehemaligen Start- und Landebahn.

Adresse Wernershöhe, 31079 Sibbesse-Westfeld | Anfahrt zwischen Sibbesse und Alfeld Waldweg zur Wernershöhe, Parkplatz der Kulturherberge nutzbar | Tipp Von Wrisbergholzen aus kann man zu Fuß zur Wernershöhe wandern (ein Kilometer). Wenn man am Grillplatz rechts in den Wald einbiegt, sieht man nach etwa 500 Metern auf der rechten Seite einen schönen abgestorbenen Baum. Wenn man den Wald verlässt, beginnt die Alte Chaussee, die bis zur Wernershöhe führt.

110_Die zwei Kirchen

Der Don Camillo von Westfeld

Der Sibbesser Ortsteil Westfeld hat etwa 900 Einwohner und zwei Kirchen. Das ist ungewöhnlich, denn in Deutschland gibt es nur eine Handvoll Orte dieser Größe mit zwei Gotteshäusern. Allerdings hat dies einen Grund, der im Nachhinein sicher mit Schmunzeln betrachtet werden kann. Ob die Leute im ausgehenden 17. Jahrhundert darüber lachen konnten, ist nicht überliefert.

Westfeld wurde 1542 evangelisch. Eine gewisse Anzahl an Dorfbewohnern blieb dem katholischen Glauben treu. Die hatten jedoch keine eigene Kirche und durften per Gesetz die evangelische Kirche mitnutzen oder bei Beerdigungen die Totenglocke läuten.

1693 wollte der Hildesheimer Fürstbischof Jobst Edmund Freiherr von Brabeck für sie eine Kirche errichten lassen. Der Wrisbergholzener Gemeindepastor Antonius Ericus Gösecke (Seelsorger 1680–1722) war darüber dermaßen erbost, dass er daraufhin den Katholiken den Zutritt zu seiner Kirche verbot. Die Katholiken ließen sich das nicht gefallen, brachen die Tür zum Turm auf und läuteten die Glocke. Als Folge ließ Gösecke die Fenster vergittern und den Klöppel der Glocke entfernen. Auch das hielt die Katholiken nicht ab, sie brachen in die Kirche ein und nutzten Axt und Barte, um bei ihren Beerdigungen den Glockenklang zu erzeugen.

Gösecke hetzte nun seine Leute gegen die Katholiken auf, und es gab einige lebensgefährliche Handgreiflichkeiten. Der raufluslustige Pastor behauptete zudem, dass die Westfelder in ihrer Mehrheit gegen den Bau der katholischen Kirche seien. Eine Volksbefragung wurde durchgeführt, und bei der kam Erstaunliches heraus: Kaum jemand sprach sich gegen eine katholische Gemeinde aus. 1698 wurde eine Fachwerkkirche mit dem Namen St. Mariä Himmelfahrt fertiggestellt. Nach nur 150 Jahren wurde sie durch die heutige Kirche ersetzt. Die evangelische St.-Katharinen-Kapelle wurde im Jahr 1753 an Stelle der älteren erbaut.

Adresse St. Mariä Himmelfahrt: Westfelder Hauptstraße 8, St.-Katharinen-Kapelle: Mitteldorf, 31079 Sibbesse-Westfeld | ÖPNV ab ZOB Linie 44 bis Haltestelle Westfeld Ort | Öffnungszeiten zu Gottesdiensten, St. Maria Himmelfahrt: www.sankt-gallus-bad-salzdetfurth.de, St.-Katharinen-Kapelle: www.kirchengemeinde-adenstedt-wrisbergholzen.wir-e.de | Tipp Auf dem Hof der Familie Ahrens kann man an der Milchtankstelle rund um die Uhr unbehandelte Rohmilch selbst zapfen (Westfelder Hauptstraße 37).

111_Kultur pur

Fast schon ein Museumsdorf

Was könnte man über Wrisbergholzen alles erzählen? Eine ganze Menge, denn der Ort hat viel erlebt. Und das kann man an zahlreichen Orten im Dorf hautnah spüren und hören. An sieben Stationen gibt es QR-Codes, die einen Audioguide öffnen.

Am besten beginnt man den Besuch am U-Bahnhof unterhalb der Kirche. Am »Platz«, so der Name des Platzes, steht eine Karte, und darauf sind die Sehenswürdigkeiten abgebildet. Die hängen meist mit dem Schloss zusammen. Das Schloss aus dem Jahr 1745 und der dazugehörige Park sind derzeit wegen Erbstreitigkeiten nicht zu besichtigen. Das bedeutende Fliesenzimmer und die Fayence-Manufaktur, aus der die Fliesen stammen, sind zumindest am Tag des offenen Denkmals geöffnet. Bei der 1736 erbauten Porzellan-Fabrik handelt es sich um das älteste noch erhaltene Gebäude dieser Art in Norddeutschland. Auch Teile der Brennöfen sind noch vorhanden. Schräg gegenüber liegt hinter einer Mauer versteckt die Orangerie, sie ist leider nur von hinten zu sehen, kann aber für private Feiern angemietet werden und wird für Veranstaltungen genutzt. Zurück geht es nun über die Straße Am Schlosspark bis zur Poststraße. Sofort fällt das Haus mit den Wandmalereien auf. Dort lebte um 1900 der Dekorations- und Kunstmaler Fritz Bolm, der so seinen Reichtum zur Schau stellte. Rechter Hand geht es etwa 100 Meter weiter in die Sträßchen Vordere und Hintere Landwehr, in denen die Arbeiterhäuschen zu sehen sind. Diese werden privat bewohnt. Weitere Sehenswürdigkeiten sind die Ziegelei, eine Wassermühle, das ehemalige Arzthaus (alles im Privatbesitz!) und die Kirche. Letztere hat eine verglaste Seitenempore für den Adel und eine beachtliche barocke Ausmalung.

Übrigens ist die U-Bahn-Station eine Hinterlassenschaft des Forums Heersum, das jeden Spielort mit einem Schild markiert. Wrisbergholzen hatte 2019 zur 1.000-Jahr-Feier jede Menge Vampire zu Gast.

Adresse Am Schlosspark, 31079 Sibbesse-Wrisbergholzen | ÖPNV ab ZOB Linie 44 bis Haltestelle Wrisbergholzen | Tipp Wer nach einer Wanderung durch Wrisbergholzen Hunger auf Hamburger verspürt, der sollte das Burger-Haus in der Hauptstraße 42 in Sehlem aufsuchen. Dort werden die Burger in der offenen Küche vor den Augen der Gäste hergestellt.

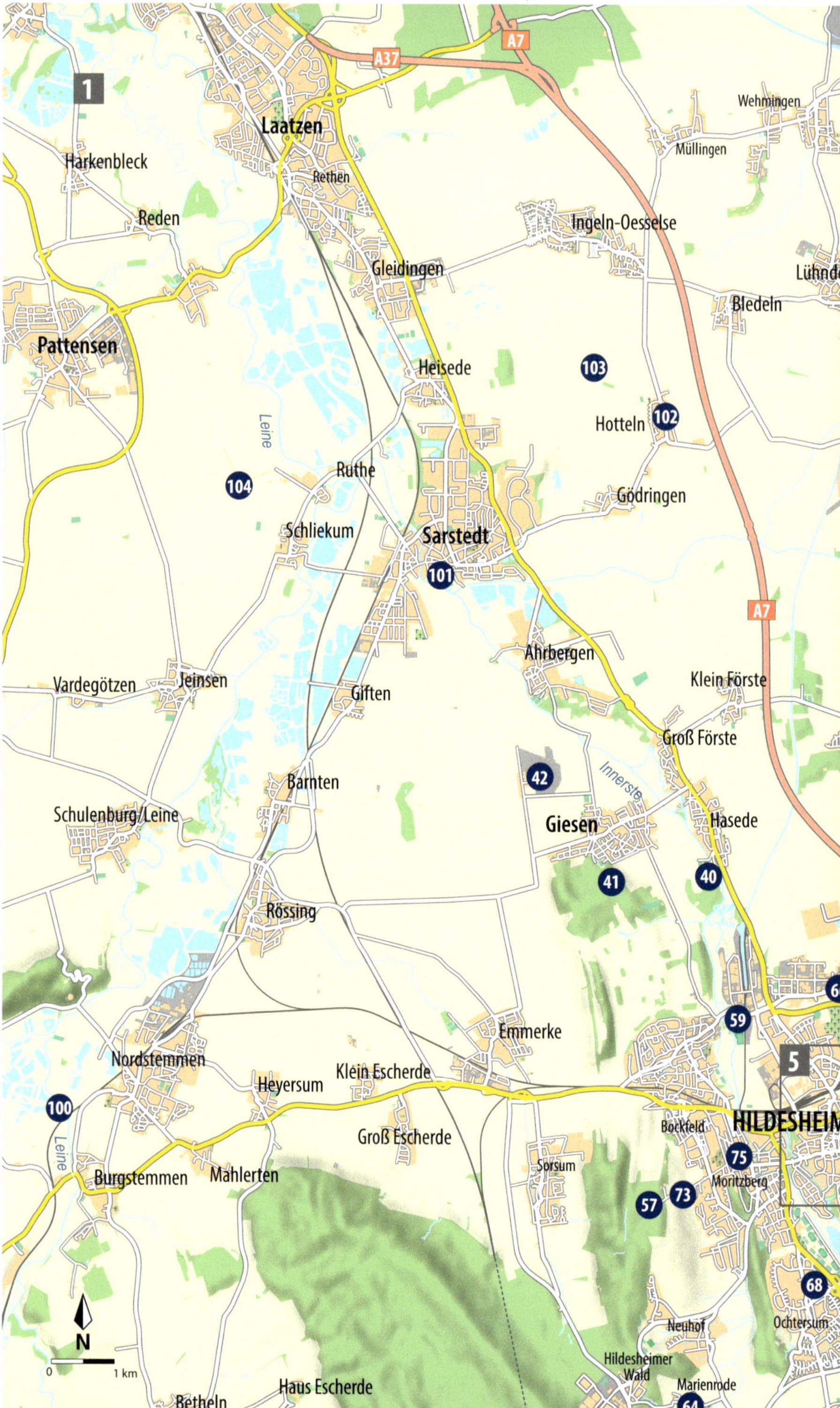

1
Laatzen
A37
A7
Wehmingen
Müllingen
Harkenbleck
Rethen
Reden
Ingeln-Oesselse
Gleidingen
Lühnde
Bledeln
Pattensen
Heisede
103
Hotteln
102
Leine
Ruthe
104
Gödringen
Schliekum
Sarstedt
101
A7
Ahrbergen
Vardegötzen
Jeinsen
Klein Förste
Giften
Groß Förste
Barnten
42
Innerste
Schulenburg/Leine
Giesen
Hasede
41
40
Rössing
66
59
Emmerke
Nordstemmen
5
Klein Escherde
Heyersum
100
Bockfeld
HILDESHEIM
Groß Escherde
75
Leine
Sorsum
Burgstemmen
Mahlerten
Moritzberg
73
57
68
N
Neuhof
Ochtersum
0
1 km
Hildesheimer Wald
Marienrode
Haus Escherde
Betheln
64

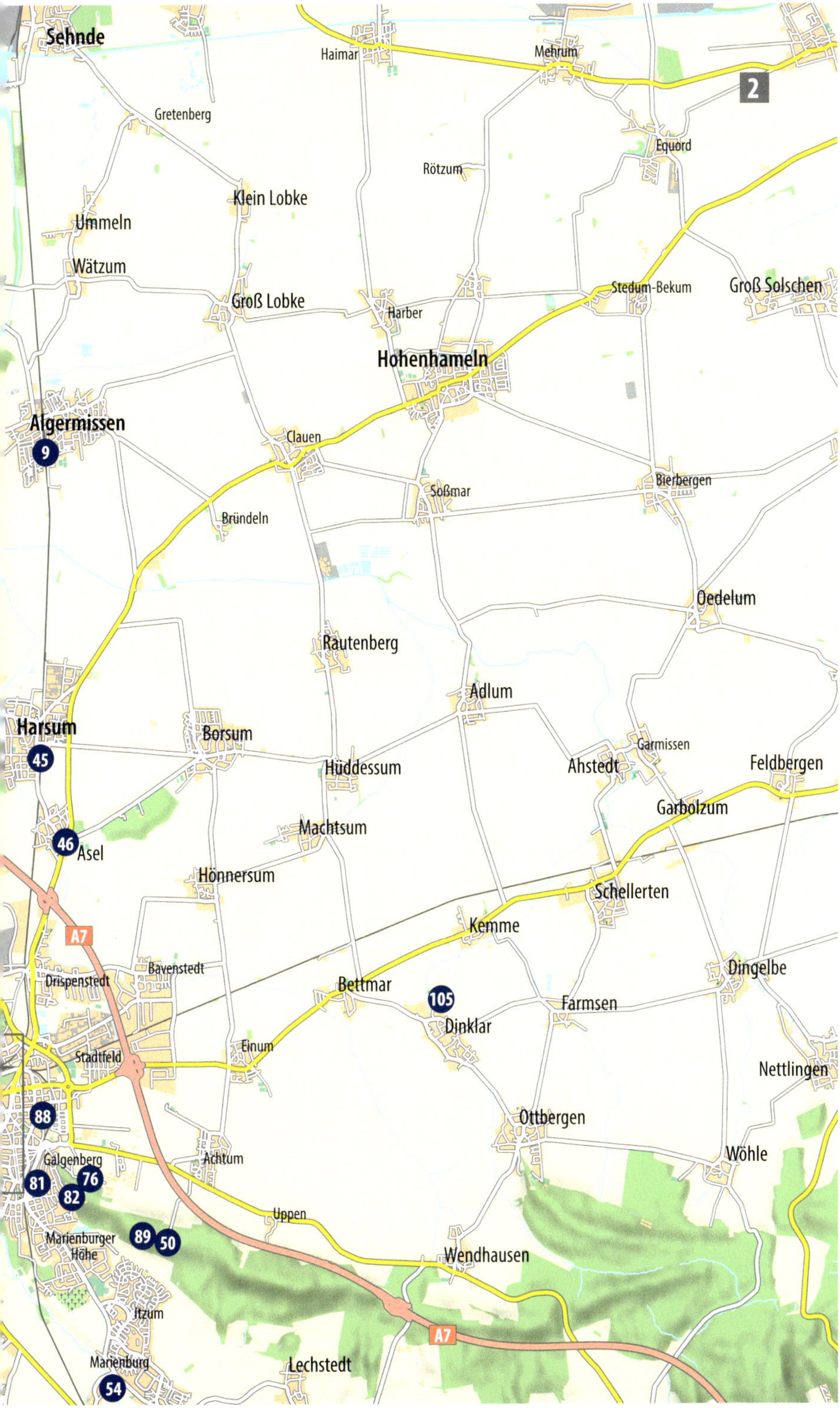
Sehnde
Haimar
Mehrum
2
Gretenberg
Equord
Rötzum
Klein Lobke
Ummeln
Wätzum
Groß Lobke
Harber
Stedum-Bekum
Groß Solschen
Hohenhameln
Algermissen
9
Clauen
Soßmar
Bierbergen
Bründeln
Oedelum
Rautenberg
Adlum
Harsum
Borsum
45
Hüddessum
Ahstedt
Garmissen
Feldbergen
Garbolzum
Machtsum
46
Asel
Hönnersum
Schellerten
Kemme
A7
Drispenstedt
Bavenstedt
Bettmar
105
Dinklar
Dingelbe
Farmsen
Stadtfeld
Einum
Nettlingen
88
Ottbergen
Galgenberg
Achtum
Wöhle
81
76
82
Uppen
Marienburger Höhe
89
50
Wendhausen
Itzum
A7
Marienburg
54
Lechstedt

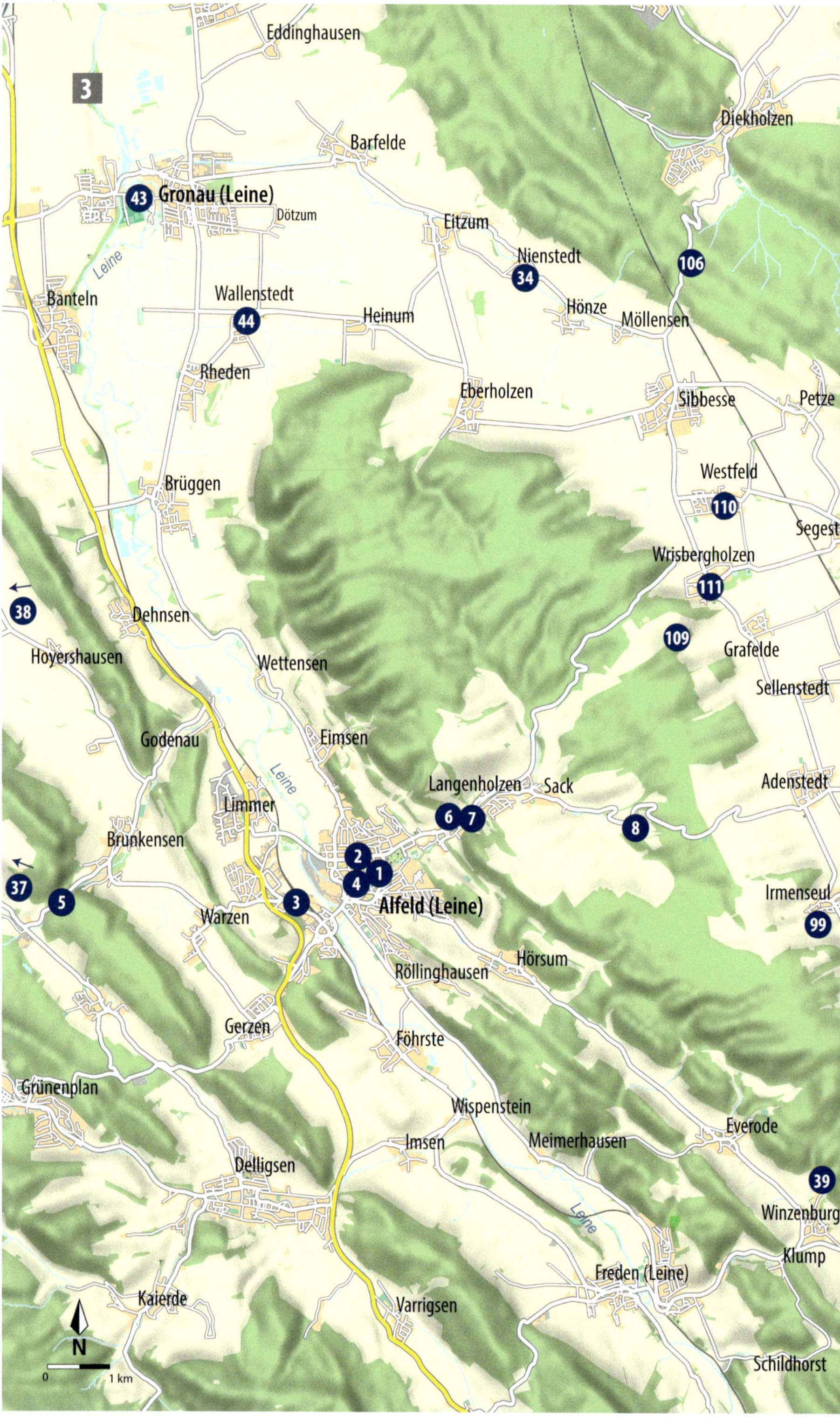

3
Eddinghausen
Diekholzen
Barfelde
43
Gronau (Leine)
Dötzum
Eitzum
Leine
Nienstedt
34
106
Banteln
Wallenstedt
44
Heinum
Hönze
Möllensen
Rheden
Eberholzen
Sibbesse
Petze
Brüggen
Westfeld
110
Segest
Wrisbergholzen
111
38
Dehnsen
109
Hoyershausen
Wettensen
Grafelde
Sellenstedt
Godenau
Eimsen
Leine
Langenholzen
Sack
Adenstedt
Limmer
6
7
8
Brunkensen
2
1
4
37
5
3
Alfeld (Leine)
Irmenseul
99
Warzen
Hörsum
Röllinghausen
Gerzen
Föhrste
Grünenplan
Wispenstein
Everode
Imsen
Meimerhausen
Delligsen
39
Leine
Winzenburg
Klump
Freden (Leine)
Kaierde
Varrigsen
N
0
1 km
Schildhorst

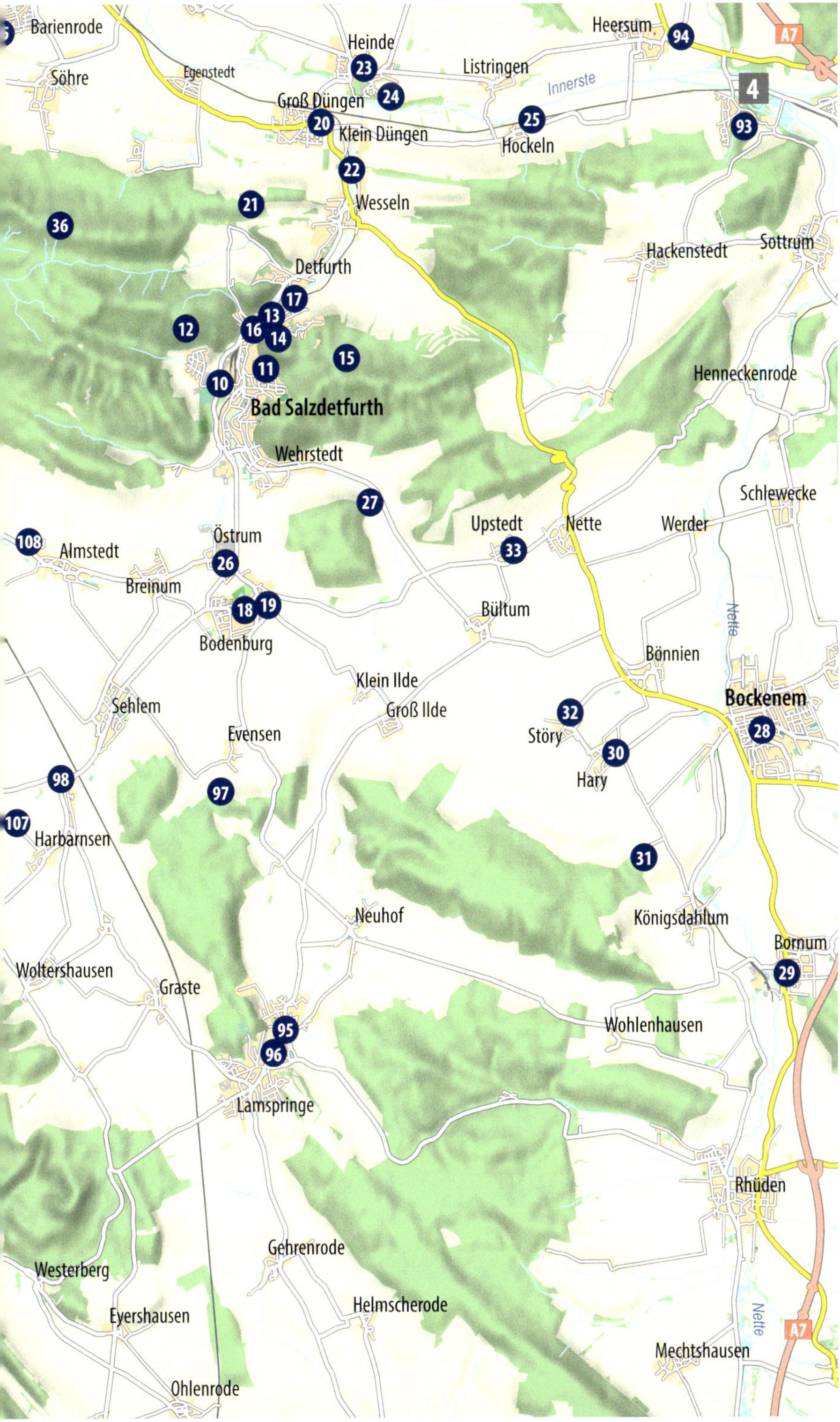
Barienrode
Söhre
Egenstedt
Heinde
Groß Düngen
Klein Düngen
Listringen
Heersum
Innerste
Hockeln
Wesseln
Detfurth
Bad Salzdetfurth
Wehrstedt
Hackenstedt
Sottrum
Henneckenrode
Schlewecke
Werder
Nette
Upstedt
Östrum
Almstedt
Breinum
Bodenburg
Bültum
Bönnien
Bockenem
Klein Ilde
Groß Ilde
Störy
Hary
Sehlem
Evensen
Harbarnsen
Neuhof
Königsdahlum
Bornum
Woltershausen
Graste
Wohlenhausen
Lamspringe
Rhüden
Gehrenrode
Helmscherode
Westerberg
Eyershausen
Ohlenrode
Mechtshausen
A7
4
94
23
24
20
25
93
22
21
36
17
13
16
14
12
15
11
10
27
108
33
26
18
19
32
28
30
98
97
107
31
29
95
96

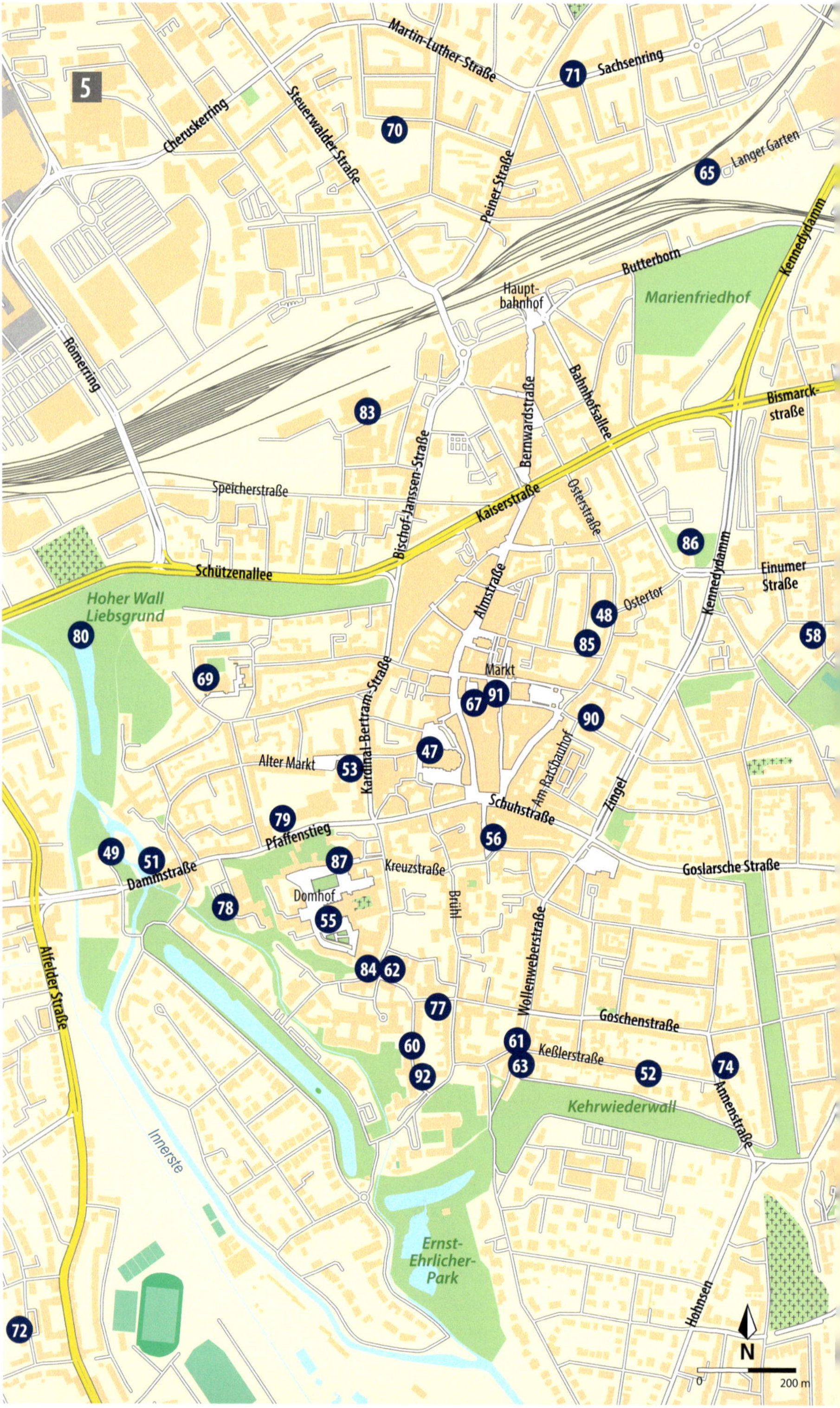

5
Martin-Luther-Straße
Sachsenring
Cheruskerring
Steuerwalder Straße
Peiner Straße
Langer Garten
Kennedydamm
Butterborn
Haupt-
bahnhof
Marienfriedhof
Römerring
Bernwardstraße
Bahnhofsallee
Bismarck-
straße
Bischof-Janssen-Straße
Speicherstraße
Kaiserstraße
Osterstraße
Schützenallee
Einumer
Straße
Hoher Wall
Liebsgrund
Almsstraße
Ostertor
Markt
Alter Markt
Kardinal-Bertram-Straße
Am Ratsbauhof
Zingel
Schuhstraße
Pfaffenstieg
Dammstraße
Kreuzstraße
Goslarsche Straße
Domhof
Brühl
Wollenweberstraße
Alfelder Straße
Goschenstraße
Keßlerstraße
Kehrwiederwall
Annenstraße
Innerste
Ernst-
Ehrlicher-
Park
Hohnsen
N
0
200 m
70
71
65
83
86
48
85
58
80
69
67
91
90
47
53
79
56
49
51
87
78
55
84
62
77
60
61
63
52
74
92
72

Cornelia Kuhnert, Günter Krüger
111 Orte in Hannover, die man gesehen haben muss
ISBN 978-3-7408-1190-7

Axel Klingenberg, Thomas Hackenberg
111 Orte im Braunschweiger Land, die man gesehen haben muss
ISBN 978-3-95451-671-1

Cornelia Kuhnert, Günter Krüger
111 Orte rund um Hannover, die man gesehen haben muss
ISBN 978-3-7408-1351-2

Alexandra Schlennstedt, Jobst Schlennstedt
111 Orte in der Lüneburger Heide, die man gesehen haben muss
ISBN 978-3-95451-844-9

Paul Stänner
111 Orte im Münsterland, die man gesehen haben muss
ISBN 978-3-7408-1414-4

Manfred Reuter, Lena Reuter, Nils Reuter
111 Orte in Aurich, die man gesehen haben muss
ISBN 978-3-7408-0842-6

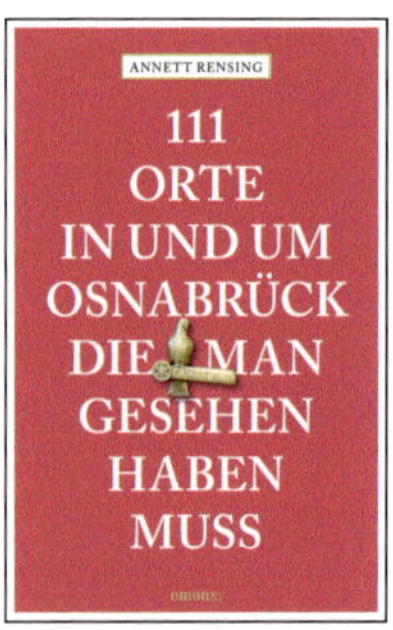

Annett Rensing
111 Orte in Osnabrück, die man gesehen haben muss
ISBN 978-3-7408-1194-5

Jochen Reiss
111 Orte in und um Göttingen, die man gesehen haben muss
ISBN 978-3-7408-1353-6

Jacek Auerbach
111 Orte in Oldenburg, die man gesehen haben muss
ISBN 978-3-7408-0249-3

Manfred Reuter, Lena Reuter
111 Orte auf Norderney, die man gesehen haben muss
ISBN 978-3-7408-1457-1

Christine Izeki, Gerald Roemer
111 Orte im Wendland, die man gesehen haben muss
ISBN 978-3-7408-1042-9

Dorothee Fleischmann, Carolina Kalvelage
111 Orte im Weserbergland, die man gesehen haben muss
ISBN 978-3-7408-0341-4

Bernd Flessner
111 Orte auf Juist, die man gesehen haben muss
ISBN 978-3-7408-0548-7

Alexandra Schlennstedt, Jobst Schlennstedt
111 Orte an der Ostseeküste, die man gesehen haben muss
ISBN 978-3-7408-1096-2

Jochen Reiss
111 Orte in Hamburg, die man gesehen haben muss
ISBN 978-3-7408-1211-9

Dietmar Hoos, Susanne Hoos
111 Orte in Kassel, die man gesehen haben muss
ISBN 978-3-7408-1188-4

Jochen Reiss
111 Orte rund um Hamburg, die man gesehen haben muss
ISBN 978-3-7408-0564-7

Stefanie Sohr, Volko Lienhardt
111 Orte auf St. Pauli, die man gesehen haben muss
ISBN 978-3-7408-0685-9

Uwe Grießmann wurde in Schweinfurt (Franken) geboren, lebt aber schon viel länger in der Hildesheimer Region, als in der ursprünglichen Heimat. Vielleicht liegt es daran, dass ein gewisser Ludwig der Fromme, der Gründer Hildesheims, auch ein Franke war? Während er in der realen Welt im öffentlichen Dienst arbeitet, schreibt er in der Freizeit historische Romane, Thriller, Anthologien und Sachbücher. Er spielt Gitarre und fotografiert.

Sonja Klima ist Mitbegründerin der Autorenvereinigung »Die Innersten«. Sie veranstaltet Lesebühnen in Hildesheim und Umgebung und engagiert sich in der Hildesheimer Kulturszene. Als Schreiberling bevorzugt sie Lyrik und Prosa. Im normalen Leben ist sie Verwaltungsangestellte.